신HSK 회화 고급 공략 실전 모의고사

張宁志·陈郁·李明 지음
백형술·우치갑·오금순 번역

송산출판사

현 北京语言大学 교수
世界汉语教学学会会员, 中国对外汉语教学研究会会员
1995—1998년 삼성인력개발원 중국어 주임교수
저서
교재: 《中级汉语会话》, 《新汉语口语教程》
사전: 《学汉语词典》
논문: 《口语教材的语域风格问题》1985年
　　　《浅谈汉语教材难度的确定》1991年
　　　《汉语教师教学归因初探》2006年
　　　《汉语教材语料难度的定量分析》2000年
　　　《几个与纠正病句有关的问题》1986年
　　　《汉民族思维及语言的特点与汉语短期强化教学》2000年
　　　《将揭示语引入对外汉语教学的设想》1992年
　　　《鲁迅小说中的颜色词》1986年
　　　《中国文化的源流》1993年

 신HSK 회화 고급 공략 실전 모의고사

초판 1쇄 발행　2010년 8월 31일
초판 3쇄 발행　2012년 5월 21일

저　　　자　张宁志·陈郁·李明 지음 / 백형술·우치갑·오금순 번역
발 행 인　윤우상
책임편집　최준명, 윤병호
발 행 처　송산출판사
주　　　소　서울특별시 서대문구 홍제4동 104-6
전　　　화　(02)735-6189
팩　　　스　(02)737-2260
홈페이지　www.songsanpub.co.kr
E-mail　songsan1@korea.com
등 록 일　1976년 2월 2일 제9-40호

ISBN 978-89-7780-157-8 13720

목 차

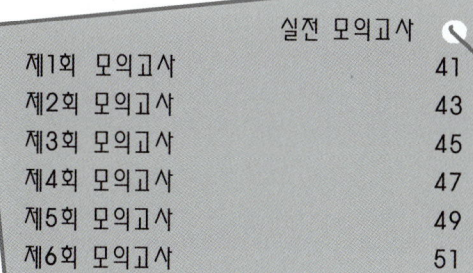

前言

　　新汉语水平考试（HSK）是国家汉办组织中外汉语教学、语言学、心理学和教育测量学等领域的专家，在充分调查、了解海外实际汉语教学情况的基础上，借鉴近年来国际语言测试研究的最新成果，以《国家汉语能力标准》为依据，推出的一项国际汉语能力标准化考试。从2010年起在海外汉语水平的测试均采用由国家汉办主办的新汉语水平考试。

　　新汉语水平考试相比于旧HSK，有很大变化。新HSK分笔试和口试两部分，笔试和口试是相互独立的。笔试包括HSK（一级）、HSK（二级）、HSK（三级）、HSK（四级）、HSK（五级）和HSK（六级）；口试包括HSK（初级）、HSK（中级）和HSK（高级），口试采用录音形式。

　　对于广大考生而言，2010年实施的新HSK考试无疑是个陌生的领域，尤其是口语考试采用录音形式，考生无法真正地和考官交流，因此考试前的准备工作显得非常重要，那么，怎样才能提高口语考试成绩呢？

1．　熟悉HSK口语试题的特点、规律以及评分标准。

2．　有针对性的进行问答练习。

3．　要注意发音和声调。

4．　对着录音机进行自我测试。

　　为了帮助考生真正理解和掌握HSK口语考试形式，并在考试中取得良好的成绩，我们北京语言大学的几位教授，根据多年来积累的教学经验，研究和设计出了一套完整的口语训练方法，并根据《新汉语水平考试大纲HSK口试》，准备了六套全真模拟试题。因此只要根据此书进行认真准备的话，考生不仅可以在短时间内提高自己的应试能力，而且还能使考生在进入考场时充满自信，从而为取得良好成绩打下坚实的基础。

　　最后希望此书对参加新汉语水平考试的朋友们有所帮助。

作者

2010年8月8日于北京

머리말

　　신한어수평고시(HSK)는 국가한반이 중국과 외국의 중국어 교육, 언어학, 심리학과 교육 측정학 등 영역의 전문가를 조직, 해외의 실제 중국어 교육 상황을 충분히 조사하고 이해한 기초를 바탕으로 최근 국제 언어 테스트 연구의 최신 성과를 참고하여, 〈국가한어능력표준〉을 근거로 출시한 국제한어능력표준화 시험이다. 2010년부터 해외에서 한어수평 측정은 모두 국가한반이 주관하는 신한어수평고시로 치뤄진다.

　　신한어수평고시는 구 HSK에 비해 낳은 변화가 있다. 신 HSK는 필기시험과 구술시험으로 나누어져 있으며, 필기시험과 구술시험은 서로 독립되어 있다. 필기시험은 HSK(1급), HSK(2급), HSK(3급), HSK(4급), HSK(5급), HSK(6급)이 포함된다. 그리고 구술시험은 HSK(초급), HSK(중급), HSK(고급)이 포함되며 녹음 형식을 채택한다.

　　수험생들에게 있어서 2010년부터 실시된 신HSK시험은 두 말 할 것 없이 아주 생소한 영역일 것이다. 특히 회화시험은 녹음 형식을 채택하고 있기 때문에 수험생은 진정으로 시험관과 대화를 할 수 없다. 따라서 시험 전의 준비가 특히 중요하다. 그럼 어떻게 하면 회화시험 성적을 올 릴 수 있을까?

　　1. HSK 회화시험 문제의 특징, 패턴과 시험평가 기준을 숙지해야 한다.
　　2. 시험을 대비하여 문답연습을 한다.
　　3. 발음과 성조에 신경을 써야 한다.
　　4. 녹음을 하면서 스스로 테스트해본다.

　　수험생들이 HSK 회화시험 형식을 진정으로 이해하고, 시험에서 좋은 성적을 얻을 수 있도록, 저희 北京语言大学 교수진은 오랜 시간의 경험을 바탕으로 하여, 완벽한 회화시험 훈련 방법을 연구 개발하였으며, 《新汉语水平考试大纲 HSK 口试》에 근거하여 6회분의 모의고사를 준비해놓았다. 따라서 수험생들은 이 책을 가지고 열심히 준비하면, 짧은 시간 내에 시험에 대비하는 능력을 향상시킬 수 있을 뿐만 아니라, 수험생들이 시험장에 들어갈 때 자신감을 키워줌으로써, 좋은 성적을 얻기 위한 튼튼한 기초를 닦을 수 있다.

　　마지막으로 이 책이 한어수평고시에 응시하는 여러분께 도움이 되길 바란다.

저자
2010년 8월 8일 베이징에서

新汉语水平考试（HSK）介绍

为使汉语水平考试（HSK）更好地服务于汉语学习者，中国国家汉办组织中外汉语教学、语言学、心理学和教育测量学等领域的专家，在充分调查、了解海外汉语教学实际情况的基础上，吸收原有HSK的优点，借鉴近年来国际语言测试研究最新成果，推出新汉语水平考试（HSK）。

一、考试结构

新HSK是一项国际汉语能力标准化考试，重点考查汉语非第一语言的考生在生活、学习和工作中运用汉语进行交际的能力。新HSK分笔试和口试两部分，笔试和口试是相互独立的。笔试包括HSK（一级）、HSK（二级）、HSK（三级）、HSK（四级）、HSK（五级）和HSK（六级）；口试包括HSK（初级）、HSK（中级）和HSK（高级），口试采用录音形式。

笔试
HSK（六级）
HSK（五级）
HSK（四级）
HSK（三级）
HSK（二级）
HSK（一级）

口试
HSK（高级）
HSK（中级）
HSK（初级）

二、考试等级

新HSK各等级与《国际汉语能力标准》《欧洲语言共同参考框架（CEF）》的对应关系如下表所示：

新HSK	词汇量	国际汉语能力标准	欧洲语言框架（CEF）
HSK（六级）	5000及以上	五级	C2
HSK（五级）	2500	五级	C1
HSK（四级）	1200	四级	B2
HSK（三级）	600	三级	B1
HSK（二级）	300	二级	A2
HSK（一级）	150	一级	A1

通过HSK（一级）的考生可以理解并使用一些非常简单的汉语词语和句子，满足具体的交际需求，具备进一步学习汉语的能力。

通过HSK（二级）的考生可以用汉语就熟悉的日常话题进行简单而直接的交流，达到初级汉语优等水平。

通过HSK（三级）的考生可以用汉语完成生活、学习、工作等方面的基本交际任务，在中国旅游时，可应对遇到的大部分交际任务。

通过HSK（四级）的考生可以用汉语就较广泛领域的话题进行谈论，比较流利地与汉语为母语者进行交流。

通过HSK（五级）的考生可以阅读汉语报刊杂志，欣赏汉语影视节目，用汉语进行较为完整的演讲。

通过HSK（六级）的考生可以轻松地理解听到或读到的汉语信息，以口头或书面的形式用汉语流利地表达自己的见解。

三、考试原则

新HSK遵循"考教结合"的原则，考试设计与目前国际汉语教学现状、使用教材紧密结合，目的是"以考促教""以考促学"。

新HSK关注评价的客观、准确，更重视发展考生汉语应用能力。

新HSK制定明确的考试目标，便于考生有计划、有成效地提高汉语应用能力。

四、考试用途

新HSK延续原有HSK汉语能力考试的定位，面向成人汉语学习者。其成绩可以满足多元需求：

1．为院校招生、分班授课、课程免修、学分授予提供参考依据。
2．为用人机构录用、培训、晋升工作人员提供参考依据。
3．为汉语学习者了解、提高自己的汉语应用能力提供参考依据。
4．为相关汉语教学单位、培训机构评价教学或培训成效提供参考依据。

五、成绩报告

考试结束后3周内，考生将获得由国家汉办颁发的新HSK成绩报告。

신 한어수평고사(HSK) 소개

한어수평고사(HSK)가 중국어 학습자에게 더 좋은 서비스를 제공하기 위하여 중국 국가한반은 중외 중국어 교육, 언어학, 심리학과 교육 측정학 등 영역의 전문가를 조직하여, 해외의 실제 중국어 교육 상황을 충분히 조사하고 이해한 기초를 바탕으로, 기존 HSK의 장점을 살리고 최근 국제 언어 테스트 연구의 최신 성과를 참고하여 신 한어수평고사 (HSK)를 실시하게 되었다.

1. 시험 구조

신 HSK는 국제 중국어 능력 표준화 수준 시험으로 중국어가 모국어가 아닌 수험생의 생활, 학습과 업무에 중국어를 이용하여 소통하는 능력을 중점 측정한다. 신 HSK는 필기시험과 구술시험으로 나누어져 있으며, 필기시험과 구술시험은 서로 독립되어 있다. 필기시험은 HSK(1급), HSK(2급), HSK(3급), HSK(4급), HSK(5급), HSK(6급)으로 나누어져 있다. 구술시험은 HSK(초급), HSK(중급), HSK(고급)으로 나누어져 있으며, 녹음 형식을 채택한다.

필기시험
HSK (6급)
HSK (5급)
HSK (4급)
HSK (3급)
HSK (2급)
HSK (1급)

구술시험
HSK (고급)
HSK (중급)
HSK (초급)

2. 시험 등급

신 HSK 각 등급과《국제 중국어 능력 표준》,《유럽언어 공동 참고 프레임 (CEF)》의 대응 관계는 아래 표와 같다:

신 HSK	어휘량	국제 중국어 능력 표준	유럽언어 프레임 (CEF)
HSK (6급)	5,000 및 이상	5급	C2
HSK (5급)	2,500		C1
HSK (4급)	1,200	4급	B2
HSK (3급)	600	3급	B1
HSK (2급)	300	2급	A2
HSK (1급)	150	1급	A1

HSK(1급)를 통과한 수험생은 매우 간단한 중국어 단어와 문장을 이해하고 사용할 수 있으며, 구체적인 소통을 할 수 있으므로 진일보한 중국어 학습 능력을 갖추었다.

HSK(2급)를 통과한 수험생은 익숙한 일상 화제에 대해 중국어로 간단하고 직접적인 교류를 할 수 있으며, 초급 중국어 우수 수준에 도달하였다.

HSK(3급)를 통과한 수험생은 중국어로 생활, 학습, 업무 등 방면의 기본 교제 임무를 완성할 수 있으며, 중국에서 여행 시 만나는 대부분의 교제 임무를 대처할 수 있다.

HSK(4급)를 통과한 수험생은 비교적 광범위한 영역의 화제에 대해 중국어로 토론을 진행할 수 있으며, 중국어를 모국어로 하는 사람과 비교적 유창하게 교류를 할 수 있다.

HSK(5급)를 통과한 수험생은 중국어 정기 간행물과 잡지를 읽고 중국어 영화와 TV 프로그램을 감상할 수 있으며, 중국어로 비교적 완전한 연설을 할 수 있다.

HSK(6급)를 통과한 수험생은 중국어 정보를 수월하게 알아듣거나 읽을 수 있으며, 구두 또는 서면 형식으로 유창한 중국어를 이용하여 자신의 견해를 표현할 수 있다.

3. 시험 등급

신 HSK는 "시험과 교육의 결합"의 원칙을 따르고, 시험 설계는 현재 국제 중국어 교육 현황, 교재사용과 긴밀하게 결합하며, 목적은 "시험으로 교육을 촉진하며", "시험으로 학습을 촉진한다"이다.

신 HSK는 평가의 객관성, 정확성을 중시하며 수험생의 중국어 응용 능력의 발전을 더욱 중요시한다.

신 HSK는 명확한 시험 목표를 제정하여, 수험생이 계획적이고 효과적으로 중국어 응용 능력을 향상시키기에 편하도록 한다.

4. 시험 용도

신 HSK는 기존의 HSK 중국어 능력 시험의 객관적인 평가의 연속으로 성인 중국어 학습자를 대상으로 한다. 신 HSK의 성적은 다양한 수요를 만족시킬 수 있다:
  (1) 대학의 학생모집, 분반수업, 과정면제, 학점수여 등을 위해 참고 근거를 제공한다.
  (2) 인재모집 기관의 채용, 양성, 직원의 진급 등에 참고 근거를 제공한다.
  (3) 중국어 학습자가 자신의 중국어 응용 능력을 이해하고 향상시키는데 참고 근거를 제공한다.
  (4) 관련 중국어 교육 부서, 양성 기관의 교육 평가 또는 양성 효과 등에 참고 근거를 제공한다.

5. 성적 보고

시험 종료 후 3주내에 수험생은 국가 한반이 수여한 신 HSK 성적 보고를 획득한다.

HSK 口试介绍

HSK口试考查考生的汉语口头表达能力，分HSK(初级)、HSK(中级)、HSK(高级)三个等级。

HSK口试各等级与《国际汉语能力标准》《欧洲语言共同参考框架(CEF)》的对应关系如下表所示：

HSK 口试	词汇量	国际汉语能力标准	欧洲语言框架 (CEF)
HSK(高级)	约 3000	五级	C2
			C1
HSK(中级)	约 900	四级	B2
		三级	B1
HSK(初级)	约 200	二级	A2
		一级	A1

通过 HSK 口试(初级)的考生可以听懂并用汉语口头表达较为熟悉的日常话题，满足基本交际需求。

通过 HSK 口试(中级)的考生可以听懂并用汉语较为流利地与汉语为母语者进行口头交流。

通过 HSK 口试(高级)的考生可以听懂并用汉语流利地口头表达自己的见解。

HSK 口试各等级试题数量、考试时间见下表：

HSK 口试	试题数量（个）	考试时间（分钟）
HSK(初级)	27	约 17
HSK(中级)	14	约 21
HSK(高级)	6	约 24

HSK 口试采用录音形式，采取"听说结合""读说结合"的模式来考查考生的汉语口头表达能力。考生可根据实际水平，自由选择报考。

HSK 회화 시험 소개

　　HSK 회화시험은 응시자의 중국어회화표현능력을 측정하는 시험으로, 「HSK 초급회화」, 「HSK 중급회화」, 「HSK 고급회화」 세 가지 등급으로 나뉜다.
　　HSK 회화시험의 각 등급과 〈국제중국어능력기준〉, 〈유럽공통언어참조프레임(CEF)〉의 대응 관계는 아래 표와 같다.

HSK 회화시험	어휘량	국제중국어능력기준	유럽공통언어참조프레임(CEF)
HSK 고급회화	약 3000개	5급	C2
			C1
HSK 중급회화	약 900개	4급	B2
		3급	B1
HSK 초급회화	약 200개	2급	A2
		1급	A1

　　HSK 초급회화에 합격한 응시자는 익숙한 일상생활의 화제에 대해 듣고 이해할 수 있으며, 기본적인 일상회화를 진행할 수 있다.
　　HSK 중급회화에 합격한 응시자는 원어민과 교류할 때 듣고 이해할 수 있으며, 중국어로 비교적 유창하게 회화를 진행할 수 있다.
　　HSK 고급회화에 합격한 응시자는 듣고 이해할 수 있을 뿐만 아니라, 유창하게 자신의 견해를 표현할 수 있다.
　　HSK회화시험 각 등급별 문항수와 시험 시간은 아래의 표와 같다.

HSK 회화시험	문항수 (개)	시험시간 (분)
HSK 초급회화	27개	약 17분
HSK 중급회화	14개	약 21분
HSK 고급회화	6개	약 24분

　　HSK 회화시험은 녹음 형식을 채택하며, '듣기와 말하기의 결합', '읽기와 말하기의 결합'의 양식으로 수험생의 중국어회화 표현능력을 측정한다. 수험생들은 자신의 실제 수준에 따라서 자유롭게 시험등급을 선택한다.

HSK 口试 (高级) 介绍

HSK 口试 (高级) 考查考生的汉语口头表达能力，它对应于《国际汉语能力标准》五级，《欧洲语言共同参考框架 (CEF)》C级。通过 HSK 口试 (高级) 的考生可以听懂并用汉语流利地表达自己的见解。

一、考试对象

HSK 口试 (高级) 主要面向按每周 2-3 课时进度学习汉语两学年以上，掌握 3000 个左右常用词语的考生。

二、考试内容

HSK 口试 (高级) 分三部分，共 6 题。

考试内容		试题数量 (个)	考试时间 (分钟)
第一部分	听后复述	3	7
第二部分	朗读	1	2
第三部分	回答问题	2	5
共计		6	14

全部考试约 24 分钟 (含准备时间 10 分钟)。

第一部分，共 3 题。每题播放一段话，考生听后复述。
第二部分，共 1 题。每题提供一段文字，考生朗读。
第三部分，共 2 题。试卷上提供两个问题，考生读后回答问题。

三、成绩报告

HSK 口试 (高级) 满分 100 分，60 分为合格。

满分	合格分	你的分数
100	60	

HSK 口试成绩长期有效。作为外国留学生进入中国院校学习的汉语能力的证明，HSK 口试成绩有效期为两年 (从考试当日算起)。

HSK 口试（高级）成绩报告

国家汉办/孔子学院总部
Hanban/Confucius Institute Headquarters

新 汉 语 水 平 考 试
Chinese Proficiency Test

HSK 口试（高级）成绩报告
HSK Speaking (Preliminary) Examination Score Report

姓 名：
Name _____

性 别： 国 籍：
Gender _____ Nationality _____

考试时间： 年 月 日
Examination Date _____ Year _____ Month _____ Day

编 号：
No. _____

满分(Full Score)	合格分(Passing Score)	你的分数(Your Score)
100	60	

主任
Director _____

中国 ·北京
Beijing China

HSK 회화 (고급) 소개

HSK 고급회화는 응시자의 중국어회화 표현능력을 측정하며, 〈국제중국어능력기준〉 5급, 〈유럽공통언어참조프레임(CEF)〉 C급에 해당된다. HSK 고급회화에 합격한 응시자는 듣고 이해할 수 있으며, 중국어로 유창하게 자신의 견해를 말할 수 있다.

一、시험대상

HSK 고급회화는 주로 매주 2-3시간씩 4학기 이상 중국어를 공부하고, 3000개의 상용 어휘를 알고 있는 수험생에 해당된다.

二、시험내용

HSK 고급회화는 3부분으로 나누어져 있으며, 모두 6문항이다.

시험내용		시험문제 수 (개)	시험시간(분)
제1부분	듣고 다시 말하기	3	7분
제2부분	낭독하기	1	2분
제3부분	문제에 답하기	2	5분
합계		6	14분

전체 시험은 약 24분이 소요 된다(준비시간 10 분 포함).

제1부분은 모두 3문항이다. 모든 문제는 한 단락의 이야기를 들려주며, 수험생은 녹음을 듣고 다시 한 번 말하면 된다.
제2부분은 1문항이다. 시험지에 한 단락의 글이 제시되어 있으며, 수험생은 글을 보고 낭독하면 된다.
제3부분 모두 2 문항이다. 시험지에 2문제가 제시되어 있으며, 수험생은 질문을 읽은 다음 대답하면 된다.

三、성적보고

HSK 고급회화의 만점은 100 점이고, 60점이 합격이다.

만점	합격 점수	당신의 점수
100	60	

HSK성적은 장기간 유효하다. 외국인 유학생으로 중국의 대학에 진학할 때 중국어능력 증명서로 쓸 경우, 유효기간은 2년이다(시험당일부터 계산한다).

HSK 口试 (高级) 考试要求及过程

一、 HSK 口试 (高级) 考试要求

1. 考试前，考生要通过《新汉语水平考试大纲 HSK 口试》等材料，了解考试形式，熟悉答题方式。
2. 参加考试时，考生需要带：身份证件、准考证、2B铅笔、橡皮

二、HSK 口试 (高级) 考试过程

1. 考试开始时，主考宣布：

> 大家好！欢迎参加 HSK 口试(高级)考试。

2. 主考提醒考生：
 (1) 关闭手机。
 (2) 把准考证和身份证件放在桌子的右上方。

3. 之后，主考宣布。

> 现在请大家填写信息卡。

主考示意考生参考准考证，用铅笔填写信息卡上的姓名、国籍、序号、等级等信息。

信息卡

姓名＿＿＿＿＿＿＿　　国籍＿＿＿＿＿＿＿

序号＿＿＿＿＿＿＿

初级 □　　中级 □　　高级 □

4．之后，主考请监考发试卷。

5．试卷发完后，主考向考生解释试卷封面上的注意内容：

注　意

一、HSK口试（高级）分三部分：

1　听后复述（3题，7分钟）

2　朗读（1题，2分钟）

3　回答问题（2题，5分钟）

二　、全部考试约24分钟（含准备时间10分钟）。

6．之后，主考宣布：

现在开始考试。

主考提醒考生先要回答三个问题，准备第4题到6题时，可以在试卷上写提纲。

7．主考播放录音。

8．录音结束时，主考提醒考生检查声音是否录下。

9．之后，主考请监考收回考试材料。

10．主考清点考试材料后宣布：

考试现在结束。谢谢大家！再见。

HSK 회화 (고급) 시험 요구사항과 과정

一、 HSK 회화 (고급) 시험 요구 사항

1. 시험 전에 《신한어수평고시 대강 HSK 회화》등 자료를 통해 시험유형을 이해하고 답안지 작성방식을 숙지해야 한다.
2. 시험 시 지참해야 할 것: 신분증, 수험표, 2B연필, 지우개.

二、 HSK 회화 (고급) 시험 과정

1. 시험을 시작할 때 주임 시험관이 다음과 같이 말한다:

여러분 안녕하세요! HSK회화 (고급)에 응시하신 것을 환영합니다.

2. 주임 시험관이 수험생에게 안내말씀을 한다.
(1) 핸드폰을 꺼주세요.
(2) 수험표와 신분증을 책상 우측 상단에 놓으세요.

3. 그리고 나서 주임 시험관이 말한다.

지금부터 여러분의 정보 카드를 작성하십시오.

　주임 시험관은 수험생에게 수험표를 참고하여, 연필로 정보 카드에 이름, 국적, 수험표번호, 등급 등 정보를 적어 넣도록 한다.

정보 카드

이름_____　　국적_____

수험표 번호_____

초급 □　　중급 □　　고급 □

---

4. 그리고 주임 시험관이 시험 감독에게 시험지를 나누어 주도록 한다.

5. 시험지를 다 나누어 준 다음, 주임 시험관이 수험생에게 시험지 표지의 주의사항을 해석해준다.

주   의

一、 HSK 회화(고급)은 세 부분으로 나누어져 있다.
    1. 듣고 다시 말하기 (3문제, 7분)
    2. 낭독하기 (1문제, 2분)
    3. 질문에 답하기 (2문제, 5분)
二、 시험 총시간은 24분이다(준비시간 10분 포함).

6. 그리고 나서 주임 시험관이 말한다:

> 지금부터 시험을 시작합니다.

　주임 시험관은 수험생에게 우선 3문제를 답하도록 안내한다. 4-6번 문제를 준비할 때 시험지에 요점을 적어도 된다.

7. 주임 시험관이 녹음을 틀어준다.

8. 녹음이 끝날 때 주임 시험관이 수험생에게 녹음이 잘 되었는지 확인하도록 한다

9. 그리고 주임 시험관은 시험 감독에게 시험자료를 거두라고 한다.

10. 주임 시험관은 시험자료를 체크하고 말한다:

> 시험을 여기서 마치겠습니다. 감사합니다!

신HSK 회화 고급 공략
유형 연습하기

회화 시험에 대처하는 우리의 자세

제 1 부분

듣고 다시 말하기: 100자 정도 되는 이야기를 들은 다음 그 내용을 다시 한 번 말하면 된다.

공략법:

1) 녹음을 들을 때 등장인물, 장소, 상황 등을 간단하게 속기한다.
2) 그 다음 메모한 내용을 보고 이야기를 하면 된다. 그런데 녹음을 들을 때 100% 모두 다 알아듣기는 힘들다. 따라서 안 들리는 부분은 적당이 추리해서 말해도 된다. 가장 안 좋은 습관은 이야기를 하다 멈추는 것이다.
3) 메모할 때 한자로 적으면 시간이 걸리니 중국어 발음을 병음 혹은 한글로 표기하는 것이 효율적이다.

제 2 부분

낭독하기: 240자 정도 되는 문장을 낭독하면 된다. 제한 시간은 2분이다.

공략법:

1) 낭독하기에서 가장 중요한 것은 발음이다. 발음이 정확하고 또렷해야만 고득점을 얻을 수 있다.
2) 중국어는 톤이 높기 때문에 입을 크게 벌리고 발음해야 한다.
3) 문장을 낭독할 때 자신 있게 큰 소리로 읽어야 한다. 그리고 처음부터 끝까지 같은 톤으로 낭독하지 말고 소리의 고저 · 기복 · 휴지 · 곡절을 잘 표현해야 하며, 문장의 분위기를 최대한 살려서 읽어야 한다. 중국어에 띄어쓰기는 없지만 끊어 읽어야 하는 부분이 있다. 따라서 끊어 읽어야 하는 부분을 준비시간에 체크해 주는 것도 좋다.
4) 느리게 낭독하는 것보다 조금 빨리 낭독하는 것이 좋다.

제 3 부분

질문에 답하기: 이 부분의 문제는 녹음형식으로 질문하는 것이 아니라, 시험지에 적혀 있는 질문을 읽은 다음 2.5분간 말로 대답하면 된다. 그리고 10분이라는 준비 시간이 주어지며, 메모지에 메모할 수도 있다.

공략법:

1) 이 부분의 문제 같은 경우, 제한시간은 2.5분이고, 최소한 12문장 이상 말해야 한다. 물론 2.5분을 채우면 좋겠지만, 만약 대답할 때 틀린 문장이 많으면 안 하기보다 못하니 자신 있는 문장을 간략하게 말하는 것이 점수를 높일 수 있는 방법 중의 하나라고 할 수 있다.

2) 2.5분 동안 말하려면 할 말이 그렇게 많지 않다. 이럴 땐 예를 들어 이야기하는 것이 설득력이 있고, 생동감을 줄 수 있다.

3) 제한된 시간 내에 이야기를 만들어내려면 평소에 TV나 라디오를 많이 보고 듣는 것이 유리하다.

4) 어떤 일에 대한 본인의 견해를 서술할 때 대답하기 쉬운 쪽을 선택하는 것이 훨씬 유리하다.

5) 10분이란 준비시간을 충분히 활용하여, 완성된 문장을 5~6개 정도 쓴다.

6) 정식으로 녹음을 시작할 땐, 큰 소리고 자신감 있게 말한다.

1.

　　五岁的汉克和爸爸、妈妈、哥哥一起在森林干活的时候，突然间下起雨来，可是他们只带了一件雨衣。

　　爸爸将雨衣给了妈妈，妈妈给了哥哥，哥哥又给了汉克。

　　汉克问道：“为什么爸爸把雨衣给了妈妈，妈妈又给了哥哥，哥哥又给了我呢？”

　　爸爸回答道：“因为爸爸比妈妈强壮，妈妈比哥哥强壮，哥哥又比你强壮呀。我们都会保护比自己弱小的人。”

　　听到这话，汉克左右看了看，跑过去将雨衣撑开挡在了一朵小花上面。

단어

森林 sēnlín 삼림, 숲 | 道 dào 말하다 | 强壮 qiángzhuàng 건장하다 | 保护 bǎohù 보호하다 | 撑开 chēngkāi 펼치다, 펴다 | 挡 dǎng 가리다 | 朵 duǒ 송이, 조각 [꽃·구름이나 그와 비슷한 물건을 세는 단위]

know-how

유형파악 • 회화 시험의 첫 번째 문제와 두 번째 문제는 우선 어떤 이야기를 들려 준 다음 들은 내용을 이해하여 자신의 말로 바꿔 말하는 유형이다.

공략하기 1) 녹음을 들을 때 등장인물, 장소, 상황 등을 간단하게 속기한다. 이 문제 같은 경우 아래와 같이 메모한다.
인물: 汉克、爸爸、妈妈和哥哥
장소: 森林
상황: 突然下雨了，只带了一件雨衣
마무리: 汉克将雨伞撑开挡在了一朵小花上面

2) 그 다음 메모한 내용을 보고 이야기를 하면 된다. 그런데 녹음을 들을 때 100% 모두 다 알아듣기는 힘들다. 따라서 안 들리는 부분은 적당이 추리해서 말해도 된다. 가장 안 좋은 습관은 이야기를 하다 멈추는 것 이다.

3) 메모할 때 한자로 적으면 시간이 걸리니 중국어 발음을 병음 혹은 한글 로 표기하는 것이 효율적이다

번역   5살이 된 한커가 아빠, 엄마, 형과 함께 숲속에서 일을 하고 있을 때 갑 자기 비가 내리기 시작하였다. 그런데 그들은 우의를 하나밖에 안 가지고 왔다.
아빠가 우의를 엄마에게 주자 엄마는 또 형에게 주었고 형은 한커에게 주었다.
한커가 "왜 아빠는 우의를 엄마에게 주고, 엄마는 형에게 주고 형은 또 제게 주었나요?" 라고 물었다.
아빠가 말하기를 "아빠는 엄마보다 강하고 엄마는 형보다 강하고 형은 또 너보다 강하기 때문이지. 자신보다 약한 사람을 보호하는 것은 당연한 일이란다."
이 말은 들은 한커는 주위를 살펴보더니 우의를 펴서 한 송이 꽃에 덮어 주었다.

2.

　　只有早餐摄取足够的热量，人才能在一整天保持一个较好的状态。早餐对学习能力的影响近年来已得到证实。专家对1000名3-6年级小学生考试成绩的研究结果表明：吃早餐的学生比不吃早餐的学生成绩要好。而且早餐的营养成分和种类也和学习成绩有关。专家还建议早餐最好在7点和8点之间吃。

단어

只有…才… zhǐyǒu…cái… 해야만……이다 | 摄取 shèqǔ (영양 등을) 섭취하다 | 热量 rèliàng 열량 | 得到证实 dédàozhèngshí 입증이 되다 | 表明 biǎomíng 분명하게 밝히다 | 成分 chéngfèn 성분, 요소

유형파악 • 회화 시험의 세 번째 문제는 어떤 이야기가 아니라 설명문을 들려준 다음 들은 내용을 이해하여 자신의 말로 바꿔 말하는 유형이다.

공략하기 1) 들리는 단어를 하나하나 메모한 다음 주제를 파악한다. 이 문제 같은 경우 아래와 같이 메모한다.

단어 메모: 早餐 → 热量 → 学习能力 → 影响 → 结果表明 → 吃早餐 → 学习成绩好 → 专家建议 → 7~8点吃早餐

주제: 早餐影响学生的学习成绩

2) 그 다음 메모한 내용을 보고 이야기를 하면 된다. 그런데 녹음을 들을 때 100% 모두 다 알아듣기는 힘들다. 따라서 안 들리는 부분은 적당히 추리해서 말해도 된다. 가장 안 좋은 습관은 이야기를 하다 멈추는 것이다.

3) 메모할 때 한자로 적으면 시간이 걸리니 중국어 발음을 병음 혹은 한글로 표기하는 것이 효율적이다.

번역 아침 식사 칼로리 섭취량이 충분해야만 하루 내내 비교적 좋은 상태를 유지할 수 있다. 아침 식사가 학습 능력에 영향을 미친다는 것은 최근에 이미 입증된 바 있다. 전문가들이 1000명의 3-6학년 초등학생들을 상대로 한 시험 성적 연구 결과에서, 아침밥을 먹는 학생은 먹지 않는 학생들보다 성적이 좋다고 밝혀졌다. 뿐만 아니라 아침 식사의 영양성분과 종류도 성적과 관련이 있다고 한다. 전문가들은 아침 식사는 7시에서 8시 사이에 하는 것이 가장 좋다고 주장한다.

중국어에서 한자는 같지만 발음이 틀리는 경우가 많이 있다. 아래의 표에 수집된 단어들은 모두 사용빈도가 높은 단어이므로 기억해 두길 바란다.

汉 字	意 思	例 句
还 hái	아직	我还没结婚。 난 아직 결혼하지 않았다.
	더	我还要一瓶可乐。 콜라 한 병 더 주세요.
还是~吧 háishi~ba	…하는 편이 (더) 좋다	我们还是坐地铁吧。 지하철을 타는 게 좋을 것 같다. 还是跟家人好好商量商量吧。 가족들과 잘 상의하는 것이 좋겠다.
还 huán	돌려주다	我忘了还书。 책 돌려주는 것을 잊었다.
觉得 juéde	~라고 생각하다	我觉得很有意思。 나는 재미있다고 생각한다.
觉 jiào	잠	我每天睡6个小时的觉。 나는 매일 6시간 잔다.
得 děi	~해야 한다	我得去机场接一个客户。 공항에 바이어를 마중하러 가야 한다.
得 de	정도보어의 표지	我唱歌唱得不太好。 나는 노래를 잘 못한다.
了 le	완료를 나타냄	我吃完饭了。 난 식사를 다 했다.
了 liǎo	동사 + 不/得 + 了	菜太多了，我吃不了。 요리가 너무 많아서 다 먹을 수 없다.
	了解: 잘 알다	我了解这里的情况。 난 이곳의 상황에 대해 잘 모른다.
教 jiāo	가르치다	你教我打乒乓球，好吗？ 저에게 탁구를 좀 가르쳐 주실 수 있습니까?
教室 jiàoshì	교실	教室里有很多学生。 교실에는 많은 학생들이 있다.
教师 jiàoshī	선생님	在韩国最受欢迎的职业是教师。 한국에서 가장 인기 있는 직업은 교사이다.
教练 jiàoliàn	코치	我们教练是外国人。 우리 코치는 외국인이다.
看 kàn	보다	我喜欢看电视。 나는 TV를 보기 좋아한다.
看 kān	돌보다	我在家里看孩子呢。 나는 집에서 아이를 돌보고 있다.
落在 làzài	~ 에 빠뜨리다	我把钥匙落在汽车里了。 키를 차에 빠뜨렸다.
落价 làojià	가격이 떨어지다	白菜落价了。 배추 값이 떨어졌다.
落 luò	落山: 해가 지다	太阳落山了。 해가 졌다.
	落后: 낙후되다	经济很落后。 경제가 아주 낙후되어 있다.
参加 cānjiā	참가하다	下午我得去参加会议。 오후에 회의에 참석해야 한다.
人参 rénshēn	인삼	韩国的人参很有名。 한국의 인삼은 아주 유명하다.
行 xíng	…해도 좋다	这么办行不行？ 이렇게 처리하면 됩니까?
行 háng	행, 줄, 열	请大家排成两行。 여러분 두 줄로 서 주세요.

汉 字	意 思	例 句
外行 wàiháng	문외한	种庄稼他可不是外行。 농사일에 대해 그는 결코 문외한이 아니다.
倒 dǎo	1) 넘어지다	滑倒了。미끄러져 넘어졌다.
	2) 갈아타다	不用倒车。차를 갈아탈 필요가 없다.
倒 dào	1) 오히려	个子不高，长得倒不错。 키는 크지 않지만 생긴 것은 오히려 괜찮은 편이다.
	2) 후퇴시키다	再往后倒一倒。조금 더 뒤로 추진히세요.
着 zhe	1) …하고 있다	你别站着，坐啊! 서 있지 말고 앉으세요!
	2) …하면서	我们走着去吧。우리 걸어서 갑시다.
睡着 shuìzháo	잠들다	孩子刚睡着。아이가 방금 잠들었다.
着火 zháohuǒ	불나다	前面好像是着火了。앞에 불이 난 것 같아요.
长 cháng	길다	这件衣服有点儿长。이 옷은 조금 길다.
长 zhǎng	생기다	孩子长得很可爱。아이는 아주 귀엽게 생겼다.
长相 zhǎngxiàng	용모	看人不能光看长相。 사람을 볼 때 용모만 봐서는 안 된다.
空气 kōngqì	공기	那里空气非常新鲜。그곳은 공기가 아주 맑다.
空腹 kōngfù	공복, 빈속	不要空腹喝酒。공복에 술을 마시지 마세요.
有空儿 yǒukòngr	틈〔짬〕이 있다	有空儿的时候，来我家坐坐。 짬이 날 때 우리 집에 좀 놀러 오세요.
空白 kòngbái	공백	这项发明填补了航天科技的一项空白。 이 발명은 항공 우주 과학 기술의 한 공백을 메웠다.
好 hǎo	좋다	最近我身体很好。요즘 나는 아주 건강하다.
好 hào	좋아하다	这孩子不好动。이 아이는 움직이기 싫어한다.
爱好 àihào	취미	我的爱好不太多。나의 취미는 그다지 많지 않다.
高兴 gāoxìng	기쁘다	认识你我很高兴。당신을 알게 되어서 대단히 기쁩니다.
兴趣 xìngqù	흥미	我对贵公司的产品很感兴趣。 저는 귀사의 제품에 대해 흥미가 많습니다.
兴旺 xīngwàng	번창하다	经济越来越兴旺。경제가 더욱 번창해지고 있다.
时兴 shíxīng	유행하다	现在很时兴穿迷你裙。 요즘 미니스커트를 입는 것이 유행입니다.
只 zhǐ	단지	我只有一个孩子。저는 아이가 하나뿐입니다.
只 zhī	마리	我养了两只兔子。저는 토끼 두 마리를 키우고 있습니다.

在回答下面三个问题的时候，都可以用‘我认为…，理由如下：第一…，第二…第三…’的句式。

1. 你认为早结婚好，还是晚结婚好？为什么？

我认为早结婚更好 ， 理由如下：
第一， 早结婚可以使你的心早点儿稳定下来，让你可以有更多的精力去经营你的事业。
第二， 结婚意味着责任，而早结婚，可以让你早些建立对家庭的责任感。
第三， 早结婚可以早生孩子，这样不仅对孩子好，而且父母也有精力抚养孩子。

2. 你认为早生孩子好，还是晚生孩子好？为什么？

我认为早生孩子比较好， 理由如下：
第一， 如果两人早日拥有孩子，那么就会早日知道什么是责任，因此心智也会早日成熟。
第二， 早生孩子，对于女性来说，可以避免年龄偏大时生孩子的风险。
第三， 如果你拥有一个幸福的家庭和可爱的孩子的话，你的生活会更加稳定。

3. 你认为结婚后跟父母住在一起好，还是不跟父母住在一起好？为什么？

我认为结婚后不跟父母住在一起比较好， 理由如下：
第一， 因为两代人观念不同，时间长了会产生各种矛盾。
第二， 子女结婚后，组成的是一个新的家庭，因此经济收入和社会交往都应该独立。
第三， 子女和父母都希望有自己的私人空间，分开住可以给大家提供更多的自由空间。

아래의 3개의 질문에 답할 때 모두 '我认为…, 理由如下：第一…, 第二…第三…' 의 문형을 이용하면 된다.

1. 당신은 일찍 결혼하는 것이 좋다고 생각합니까? 아니면 늦게 결혼하는 것이 좋다고 생각합니까? 이유는?

나는 일찍 결혼하는 것이 좋다고 생각한다. 그 이유는 아래와 같다:
첫째, 일찍 결혼하면 마음이 안정될 수 있어 당신으로 하여금 더 많은 정신과 체력을 사업에 쏟아 부을 수 있게 한다.
둘째, 결혼은 책임을 의미하며, 일찍 결혼하면 당신으로 하여금 가정에 대한 책임감이 조기에 생길 수 있게 한다.
셋째, 일찍 결혼하면 아이를 일찍 낳을 수 있으며, 이는 아이에게 좋을 뿐만 아니라 부모가 아이를 키울 때 힘도 덜 든다.

2. 당신은 아이를 일찍 낳는 것이 좋다고 생각합니까? 아니면 늦게 낳는 것이 좋다고 생각합니까? 이유는?

나는 일찍 아이를 낳는 것이 좋다고 생각한다. 그 이유는 아래와 같다:
첫째, 아이를 일찍 낳으면 부부가 책임이 무엇인지 조기에 알 수 있으며, 심리적으로도 일찍 성숙할 수 있다.
둘째, 여성에게 있어서 아이를 일찍 낳으면 나이가 많을 때 아이를 낳는 위험을 피할 수 있다.
셋째, 행복한 가정과 귀여운 아이가 생김으로써 당신의 생활이 더욱 안정될 것이다.

3. 당신은 결혼 후 부모님과 함께 사는 것이 좋다고 생각합니까? 아니면 함께 살지 않는 것이 좋다고 생각합니까? 이유는?

나는 결혼 후 부모님과 함께 살지 않는 것이 비교적 좋다고 생각한다. 그 이유는 아래와 같다:
첫째, 두 시대의 사람은 관념이 다르기에 시간이 오래되면 여러 가지 모순이 생길 수 있다.
둘째, 자녀가 결혼하면 새로운 가정을 이루는 것이기 때문에 경제적인 수입과 사회적인 교제도 독립되어야 한다.
셋째, 자녀와 부모는 모두 자신만의 개인적인 공간을 원한다. 따로 살면 모두에게 더 많은 자유로운 공간이 주어질 수 있다.

在回答下面三个问题的时候，都可以用 '我推荐…，理由如下：不仅…而且…，特别是…更为重要的是…' 的句式。

1. 请你给我推荐一个中国餐厅，并说明理由。

我推荐建国大学附近的"梅花饭店"，理由如下：

梅花饭店提供的菜肴，不仅味道鲜美，而且很有中国特色。

特别是价格又经济又实惠，即使你每天都在这里用餐也花不了多少钱。

更为重要的是，职员热情的服务让你感到心情舒畅。

2. 请你给我推荐一个外语家教，并说明理由。

我推荐赵老师，理由如下：

赵老师不仅毕业于名牌儿大学，而且拥有丰富的教学经验。

特别是他的为人，和蔼可亲，而又平易近人。

更为重要的是，他的教学方式新颖独特，让外国学生更容易理解和接受。

3. 请你给我推荐一本有关企业管理方面的书，并说明理由。

我推荐彼得德鲁克的：《卓有成效的管理者》一书，理由如下：

这本书不仅取材广泛，内容丰富，而且还有大量的案例，会给你带来许多启发。

特别是书中的理论，深入浅出，而又联系实际，有很强的实用价值。

更为重要的是，这本书通俗易懂，可以使你在轻松愉快的气氛里理解书中深奥的经营理念。

아래의 3개의 질문에 답할 때 모두 '我推荐…, 理由如下：不仅…而且…, 特别是…更为重要的是…' 의 문형을 이용하면 된다.

1. 중국식당 하나 추천 해주시고, 그 이유도 함께 설명해 보세요.

저는 건국대학교 근체에 있는 '매화 식당' 을 추천합니다. 그 이유는 아래와 같습니다:
매화식당에서 제공되는 요리는 맛이 좋을 뿐만 아니라 중국특색이 아주 짙습니다.
특히 가격은 경제적이고 실속이 있어 설령 매일 이곳에서 식사를 하더라도 돈이 얼마 들지 않습니다.
더욱이 직원의 친절한 서비스는 당신의 마음을 즐겁게 해줍니다.

2. 외국어 가정교사 한 분을 추천 해주시고, 그 이유도 함께 설명해 보세요.

저는 조선생님을 추천합니다. 그 이유는 아래와 같습니다:
조선생님은 명문 대학을 졸업했을 뿐만 아니라 지도 경험도 아주 풍부합니다.
특히 그는 상냥하고 친절하며, 또 태도가 겸손하고 온화하여 쉽게 접근할 수 있습니다.
더욱 중요한 것은 조선생님의 가르치는 방식이 아주 특이해서 외국학생들이 쉽게 이해하고 받아들일 수 있습니다.

3. 기업 경영관리에 관한 책을 한 권 추천 해주시고, 그 이유도 함께 설명해 보세요.

저는 피터 드러커의《경영의 실제 The Practice of Management》를 추천합니다. 그 이유는 아래와 같습니다:
이 책은 소재가 광범위하며 내용이 풍부할 뿐만 아니라, 대량의 구체적인 사례가 있어 우리에게 많은 영감을 줍니다.
특히 책 속의 이론은 이해하기 쉽게 해석되어 있을 뿐만 아니라, 이론과 현실을 결합시킴으로써 실용적 가치가 아주 큽니다.
더욱이 이 책은 통속적이어서 이해하기 쉬우며, 당신으로 하여금 가볍고 즐거운 분위기 속에서 책 속의 심오한 경영이념을 이해할 수 있게 해줍니다.

在回答下面三个问题的时候，都可以用'我来介绍一下…，首先…，此外…，如今…'的句式。

1. 请你介绍一下你的故乡。

我来介绍一下我的故乡，我的故乡是济州岛，济州岛是火山爆发后形成的一个火山岛，三面都是海，主要以渔业、农业和旅游业为生。

首先，那里空气清新、风景优美，有很多值得游览的地方，比如汉拿山、中门游览区、植物园等。

此外，济州岛还有很多美食，比如，黑猪、东星斑、海鲜汤、桔子等。

如今，济州岛已成为驰名海内外的旅游胜地，每年迎接着上百万的游客，有机会的话希望你去济州岛一游。

2. 请你介绍一下你的优点。

我来介绍一下我的一些优点。

首先，我性情豪爽，口才干练，风趣幽默。

此外，我喜欢思考和创新，在上大学的时候，曾获得过全国大学生创新大赛一等奖。

如今，因为我的执着和努力，终于成为了一个国企的老总。

3. 请你介绍一下你的一个朋友。

我来介绍一下我的一个好朋友，他叫王刚，他是我大学同学，从他身上我学到了很多东西。

首先，他有良好的观察力和思惟能力，办事认真而又细心。

此外，他是个非常勤奋的人，他从来没有显得困倦或是疲惫的时候，也不会无谓的浪费时间和精力。

如今，他已成为了一家外企的 CEO，不仅事业有成，而且还有一个幸福和睦的家庭。

아래의 3개의 질문에 답할 때 모두 '我来介绍一下…, 首先…, 此外…如今…' 의 문형을 이용하면 된다.

1. 당신의 고향에 대해 소개 해보세요.

제 고향에 대해 소개 하겠습니다. 제 고향은 제주도입니다. 제주도는 화산 폭발 후 형성된 화산섬이며, 삼면이 바다이고 어업, 농업과 관광사업이 주 산업입니다.
우선, 그곳은 공기가 맑고 풍경이 아주 아름답고 가 볼만한 곳도 많습니다. 예를 들면 한라산, 중문관광단지, 식물원 등입니다.
그리고 제주도에는 맛있는 음식도 아주 많이 있습니다. 예를 들면 흑돼지, 옥돔, 해물탕, 귤 등입니다.
오늘날 제주도는 이미 국내외에서 명성을 떨치는 관광 명승지가 되었으며, 매년 수백만 명의 관광객을 맞이하고 있습니다. 기회가 되면 제주도에 놀러 오시길 바랍니다.

2. 당신의 장점에 대해 소개 해보세요.

저의 장점에 대해 소개 하겠습니다.
우선, 저는 성격이 시원시원하고 말재주가 있고 재미있으며 또 유머도 있습니다.
그리고 저는 깊이 생각하기와 새로운 것을 만들어 내는 것을 좋아합니다. 대학교 다닐 때 전국대학생 창의력경합대회에서 대상도 받아본 적이 있습니다.
오늘날 저는 저의 끈기와 노력끝에 드디어 국영 기업의 사장이 되었습니다.

3. 당신의 친구 한 명을 소개 해보세요.

제 친구를 소개 하겠습니다. 그의 이름은 왕강이고 제 대학교 동창입니다. 저는 그 친구로부터 많은 것을 배우게 되었습니다.
우선, 그는 탁월한 관찰력과 사고력이 있으며, 일할 때 아주 진지하고 세심합니다.
그리고 그는 아주 부지런한 사람입니다. 지금까지 그 친구가 피곤해서 존다거나 지친 것을 본 적이 없으며, 그는 의미 없이 시간과 정력을 허비하지도 않습니다.
지금 그는 이미 외국계 기업의 CEO가 되었으며 사업적으로 성공했을 뿐만 아니라 행복하고 화목한 가정도 이루었습니다.

다음은 회화시험의 5-6번 문제에 답할 때 유용하게 쓸 수 있는 명언과 경구들이다.

구분	중국어 뜻	한국어 뜻
희망의 메시지	世上无难事，只要肯登攀。	세상에 노력해서 안 되는 일은 없다.
	人定胜天。	사람의 힘으로 운명을 극복할 수 있다.
	千里之行，始于足下。	천리 길도 한 걸음부터.
	每一个成功者都有一个开始。勇于开始，才能找到成功之路。	성공한 자들은 모두 첫 시작이라는 것이 있다. 용기 내어 시작해야만 성공의 길을 찾아 갈수 있다.
	对于沙漠中的旅行者，最可怕的不是眼前无尽的荒漠，而是心中没有绿洲。	사막의 여행자에게 가장 두려운 것은 눈앞에 펼쳐진 끝없는 황량한 사막이 아니라 마음속에 오아시스가 없는 것이다.
기회를 잡는 법	不要等待机会，而要创造机会。	기회를 기다리지 말고 기회를 만들어야 한다.
	只有不断找寻机会的人才会及时把握机会。	끊임없이 기회를 찾아다니는 사람만이 신속히 기회를 잡을 수 있다.
	积极的人在每一次忧患中都会看到一个机会，而消极的人则在每个机会中都会看到某种忧患。	적극적인 사람은 위기 때마다 기회를 만들어내고 소극적인 사람은 모든 기회에서 근심걱정만 한다.
배움의 중요성	知识就是力量。	아는 것이 힘이다.
	活到老，学到老。	배움의 길은 끝이 없다.

구분	중국어 뜻	한국어 뜻
성공의 비결	生活的最大悲剧不是失败，而是一个人已经习惯于失败。	삶에서 가장 큰 비극은 실패가 아니라 사람이 실패에 습관이 되는 것이다.
	人生的成功不过是在紧要处多一份坚持，人生的失败往往是在关键时刻少了坚持。	인생의 성공은 가장 중요한 순간에 자기의 신념을 고수하는 것이고 인생의 실패는 가장 중요한 순간에 신념을 포기하는 것이다.
	人生最大的敌人是自己，是自己的胆小，懦弱，害怕困难，害怕挫折，没有信心，没有勇气，没有人生目标和信念。	인생의 가장 큰 적은 자신이다. 그것은 자신의 소심함, 나약함 또한 어려움을 두려워하고 좌절을 두려워하며 자신감과 용기가 없고 인생의 목표와 신념이 없는 것이다.
	不是因为某些事情难以做到，我们才失去信心，而是因为我们先失去信心，所以某些事情才显得难以做到。	어떤 일들은 성공하기 어려워 우리가 자신감을 잃는 것이 아니라 우리가 먼저 자신감을 잃었기 때문에 그 일을 성공시킬 수 없는 것이다.
자신을 믿어라	依赖别人的人等于折断了自己的翅膀，永远也体会不到飞翔的快乐。	다른 사람을 의지하는 사람은 자신의 날개를 꺾어버리는 것과 같아 영원히 날아오르는 즐거움을 맛볼 수 없다.
	靠山山会倒，靠水水会流，靠自己永远不会倒。	산을 의지하면 산은 무너질 수 있고 물을 의지하면 물은 흘러갈 수 있지만 자신을 의지하면 영원히 굳건할 것이다.
	命运掌握在自己的手中，一切只能靠自己。	운명은 내 손 안에 있는 것이며, 모든 것은 나 자신을 의지해야 한다.

구분	중국어 뜻	한국어 뜻
자신을 믿어라	人生有一半掌握在上帝那里，另一半攥在自己的手中。人一辈子唯一要做的就是，不断地用你手中的这一半更多地赢取上帝掌握的那一半。	인생의 반은 하느님의 손에 쥐어져 있고 나머지 반은 자신의 손에 쥐어져 있다. 사람이 평생 해야 할 일은 자신이 갖고 있는 반을 이용하여 하느님이 갖고 있는 반을 최대한 많이 가져오는 것이다.
지혜롭게 사는 법	生活比你想象的要容易得多，只要学会接受那些不可接受的，放弃那些不愿放弃的，容忍那些不可容忍的就可以了。	삶은 당신이 생각하는 것 보다 훨씬 쉽다. 받아들일 수 없는 것을 받아들이는 것과 포기하기 싫은 것을 포기하는 것, 또 용인하기 어려운 것을 용인하는 것을 배워나가기만 하면 된다.
	生活中最基本的技巧是交流，最可依赖的品质是耐心，最糟糕的行为是抱怨，最易见效的努力是从自己做起。	삶의 가장 기본적인 테크닉은 커뮤니케이션이다. 가장 의지할 수 있는 품성은 인내심이고 가장 나쁜 행위는 원망이며, 가장 효과적인 노력은 자기 자신이 솔선수범하는 것이다.
	当你感到悲哀痛苦时，最好是去学些什么东西，学习会使你永远立于不败之地。	당신이 슬프고 고통스러울 때 가장 좋은 것은 무언가를 배우는 것이다. 공부는 당신으로 하여금 영원한 승자가 될 수 있게 해준다.
	人之所以有一张嘴，而有两只耳朵，原因是听的要比说的多一倍。	사람이 하나의 입과 2개의 귀를 가지고 있는 것은 말하는 것 보다 2배로 들어야 하기 때문이다.

구분	중국어 뜻	한국어 뜻
지혜롭게 사는 법	为明天做准备的最好方法就是集中你所有的智慧，所有的热忱，把今天的工作做得尽善尽美，这就是你能应付未来的唯一方法。	내일을 위해 준비하는 가장 좋은 방법은 당신의 모든 지혜와 열정을 모아 오늘의 일을 완벽하게 하는 것이다. 이것이야 말로 미래에 대응하는 유일한 방법이다.
	环境不会改变，解决之道在于改变自己。	환경은 변하지 않는다. 해결방법은 자신을 변화시키는 것이다.
	时间就是金钱。	시간이 돈이다.
	拿望远镜看别人，拿放大镜看自己。	망원경으로 다른 사람을 보고 확대경으로 자신을 들여다본다.

新 汉 语 水 平 考 试 题

HSK 口试（高级）模拟试题
第 一 套

注　意

一、HSK 口试（高级）分三部分：

　　1. 听后复述（3题，7分钟)

　　2. 朗读（1题，2分钟)

　　3. 回答问题（2题，5分钟）

二、全部考试约24分钟（含准备时间10分钟）。

第 一 部 分

第 1-3 题: 听后复述

第 二 部 分

第 4 题: 朗读

友谊是最神圣的真情，它是慷慨和荣誉的母亲、是光明和爱心的使者。朋友能带给我们温暖、支持和力量，让我们感受到生活的美好。在人生的旅途中，朋友伴我们同行，友谊照亮我们的生活之路。友谊是友好的象征，是亲密的体现，是人类生存不可缺少的精神财富。友谊是你孤寂时，搭在你肩上的一双温暖的手；友谊是你忘情欢呼时，在你背后的一双关切的眼睛；友谊是你成功时，默默为你祝福的心灵；友谊是你失败时，鼓励你的只言片语；友谊是你需要时，及时赶到的关怀、批评、鼓励；友情需要真诚去播种，热情去浇灌，原则去培养，谅解去护理。只要我们本着对人尊重理解、坦诚相待、宽容大度的原则，我们就可以成为更多人的朋友，也会得到更多的友情。

第 三 部 分

第 5-6 题: 回答问题

5. 为了成功，最重要的是努力还是才华？请谈谈你的看法。（2.5分钟）

6. 你认为中学生应不应该统一着装？为什么？（2.5分钟）

新汉语水平考试题

HSK 口试（高级）模拟试题
第 二 套

注　　意

一、HSK 口试（高级）分三部分：

  1. 听后复述（3题，7分钟)

  2. 朗读（1题，2分钟)

  3. 回答问题（2题，5分钟）

二、全部考试约24分钟（含准备时间10分钟）。

第 一 部 分

第 1-3 题：听后复述

第 二 部 分

第 4 题：朗读

　　自信是人对自身力量的一种确信，深信自己一定能做成某件事，实现所追求的目标。发现自己的长处，是自信的基础，但在不同的环境里，优点显露的机会并不均等。例如，有些学校注重文化课，成绩好的学生其优点就能显露出来，而体育好的人未必受重用；换成体校，情况可能就恰好相反。因此，我们在评价自己的时候，可以采用场景变换的方法，寻找'自信的我'，这样我们可能会意外地发现，自己原来有很多优点与长处。相信自己行，才能大胆尝试，接受挑战。为此，我们要在回忆过去成功的经历中体验信心。同时，更要多做事，力争把事情做成，从中受到更多的鼓舞。

第 三 部 分

第 5-6 题：回答问题

5. 大城市的交通越来越拥挤，你觉得应该怎样解决？（2.5分钟）

6. 你觉得整过容的人有资格参加选美大赛吗？为什么？（2.5分钟）

新 汉 语 水 平 考 试 题

HSK 口试（高级）模拟试题
第 三 套

注　意

一、HSK 口试（高级）分三部分：

　　1. 听后复述（3题，7分钟)

　　2. 朗读（1题，2分钟)

　　3. 回答问题（2题，5分钟）

二、全部考试约24分钟（含准备时间10分钟）。

第 一 部 分

第 1-3 题: 听后复述

第 二 部 分

第 4 题: 朗读

　　朋友是来自心灵的泉水，是苦恼中的依靠，是温柔而安全的托身之地。尤其是等你老了、累了、疲惫不堪想休息的时候，朋友便是一壶浓郁的酒，可以伴着你有滋有味地回首以往的岁月。在人生的旅途中每个人都会遇到不同的困境，在这个时候朋友会给你带来很大帮助，有时朋友的一句话，或一个建议可以让你胜读十年书。人都有旦夕祸福的时候，在这个时候，如果有朋友的指点或支援，就会让你化祸为福，如果你有烦恼和忧愁，找一个朋友诉说就会减轻这些苦恼。当然朋友也有很多种，有狐朋狗友、酒肉朋友，有句话叫做，患难见真情，只有患难与共的朋友才是真正的朋友。

第 三 部 分

第 5-6 题: 回答问题

5. 你觉得传统的大家庭和现代的小家庭之中，哪个更好？请说明一下理由。（2.5分钟）

6. 现在很多人都喜欢在大城市生活，请谈谈你的看法。（2.5分钟）

新 汉 语 水 平 考 试 题

HSK 口试（高级）模拟试题
第 四 套

注　意

一、HSK 口试（高级）分三部分：

　　1. 听后复述（3题，7分钟)

　　2. 朗读（1题，2分钟)

　　3. 回答问题（2题，5分钟）

二、全部考试约24分钟（含准备时间10分钟）。

第 一 部 分

第 1-3 题: 听后复述

第 二 部 分

第 4 题: 朗读

　　幸福是一种感觉,是灵魂的成就,而不是任何物质的东西,它不是奢侈品,它是人类精神的美好感觉。幸福生活的精髓,就是你在了解了幸福的真相之后,构建自己的幸福体系。假如谁跟你说,我有一个东西,你拥有了它,就像坐上了一条船,可以直接抵达幸福的彼岸,你千万不要相信。倘若真是那样的话,我们只要拼命制造这种东西,然后分发给大家,就可以轻而易举地获得幸福。每个人都要为自己的幸福负责,而不是由他人来决定我们的幸福,这一过程要我们自己去完成。

第 三 部 分

第 5-6 题: 回答问题

5. 你觉得人们喜欢养宠物的原因是什么? 请谈谈你的看法。(2.5分钟)

6. 因特网给我们的生活带来了很大的方便,你同意吗? (2.5分钟)

新 汉 语 水 平 考 试 题

HSK 口试（高级）模拟试题
第 五 套

注　意

一、HSK 口试（高级）分三部分：

　1. 听后复述（3题，7分钟)

　2. 朗读（1题，2分钟)

　3. 回答问题（2题，5分钟）

二、全部考试约24分钟（含准备时间10分钟）。

第 一 部 分

第 1-3 题: 听后复述

第 二 部 分

第 4 题: 朗读

生活就是这个样子，得不到的永远都是最好的，偏偏你永远不可能如愿。其实真正主导我们思想的是对待生活的态度，只有拥有欣赏生活、享受生活的心态，才能够发现生活美好的一面。任何一种生活的状态都是有着两面性的，重要的是你眼睛里看到的是它的哪一面。一个喜欢抱怨和挑剔的人，永远都不会幸福，因为世界上没有真正的完美。如果你不能改变你的环境，那就尝试着去适应它。勇敢地面对生活中的困难，即使失败至少你尝试过，不会因为放弃而后悔和懊恼。所以，只要我们有一种积极的心态，和一种发现生活美好面的能力，无论我们生活在哪一种环境之中，我们的生活都是美好的和充满乐趣的。

第 三 部 分

第 5-6 题: 回答问题

5. 你对门当户对有什么看法？（2.5分钟）

6. 你觉得工作和家庭哪个更重要？为什么？（2.5分钟）

新 汉 语 水 平 考 试 题

HSK 口试（高级）模拟试题
第 六 套

注　　意

一、HSK 口试（高级）分三部分：

　　1. 听后复述（3题，7分钟)

　　2. 朗读（1题，2分钟)

　　3. 回答问题（2题，5分钟）

二、全部考试约24分钟（含准备时间10分钟）。

第 一 部 分

第 1-3 题: 听后复述

第 二 部 分

第 4 题: 朗读

　　人们要学会面对现实和努力奋斗。人都是自私的，不要妄想着会有不劳而获的事，天上也不会有无端掉馅儿饼的好事。人们对你的帮助只是一时的，人生靠的是自己，现实唯有去面对。辉煌的人生都是用自己的汗水换来的，是凭自己的双手打造的，要相信自己，只有自己才会真正明白自己应该舍弃什么追求什么。偶尔的磨难只会让我们更加坚强，在困难面前不低头，总会有解决的办法。虽然我们无法改变现实，但我们可以通过改变自己来适应它，回想以往，我们有时会后悔，但我们要让以后的人生不再有后悔。付出的努力总会有收获的，只是迟早的问题。

第 三 部 分

第 5-6 题: 回答问题

5. 请谈谈你对宗教的看法。（2.5分钟）

6. 你觉得对一个孩子来说，应该整天在教室里学习，还是应该接触大自然，请谈谈你的看法。 （2.5分钟）

신HSK 회화 고급 공략
실전 모의고사
1회 정답 및 해설

第 1–3 题: 听后复述

1.

　　李先生多年来不断抱怨对面邻居张先生很懒惰，"那个人的衣服永远都洗不干净，看，他晾在院子里的衣服，总是有斑点，我真不明白，他怎么连衣服都洗不干净呢?"直到有一天，有个细心的朋友到他家，才发现不是对面的张先生衣服洗得不干净。细心的朋友拿了一块抹布，把李先生家窗户上的灰擦掉之后，说："看，这不就干净了嘛。"原来是李先生自己家的玻璃不干净。

단어

不断 búduàn 계속해서 | 抱怨 bàoyuàn 원망하다 | 懒惰 lǎnduò 게으르다 | 晾 liàng 말리다 | 院子 yuànzi 정원 | 斑点 bāndiǎn 얼룩 | 抹布 mābù 걸레 | 灰 huī 먼지 | 玻璃 bōli 유리

번역   이 선생은 다년간 맞은 편 이웃 장 선생이 게으르다고 항상 원망을 했습니다. "저 사람은 영원히 옷을 깨끗하게 빨지 못합니다. 보세요, 장 선생이 정원에 널어놓은 옷은 늘 얼룩이 져 있습니다. 저는 정말 이해가 안 됩니다. 왜 옷도 깨끗하게 빨지 못하는 거죠?" 어느 날 세심한 친구가 그의 집에 놀러 와 맞은 편 장 선생이 옷을 깨끗하게 빨지 못한 것이 아니리는 것을 발견하게 되었습니다. 세심한 친구는 걸레로 이 선생님 집 창문의 먼지를 닦고 나서 "보세요, 이러면 깨끗해 졌잖아요." 라고 말했다. 알고 보니 이 선생 자신의 집 유리가 깨끗하지 않았던 것이었습니다.

해설   1) 녹음을 들을 때 등장인물, 장소, 상황 등을 간단하게 속기한다.

　　　　인물: 李先生, 邻居张先生, 细心的朋友

　　　　장소: 他家

　　　　상황: 邻居张先生衣服洗得不干净

　　　　마무리: 原来是李先生自己家的玻璃不干净

　　　2) 그 다음 메모한 내용을 보고 이야기를 하면 되는데 잘 안 들리는 부분은 적당이 추리해서 말해도 된다.

　　　3) 메모할 때 한자로 적으면 시간이 걸리니 중국어 발음을 병음 혹은 한글로 표기하는 것이 효율적이다.

第 1-3 题: 听后复述

2.

　　期末考试时，教授在发试卷前对他的学生说："我知道你们学习都很努力，而且你们当中有很多人暑假后将进行工作。因此，我提议，任何一位愿意退出今天考试的同学都将得到一个B。"很多学生走到教授面前，签上了自己的名字。最后剩下少数学生，教授关上教室的门，看着剩余的几个学生说："我对你们的自信感到非常高兴，你们都将得到A。"在生活和工作中，人们有时会因为缺乏自信而失去更好的机会。

단어

试卷 shìjuàn 시험지 | 提议 tíyì 제의하다 | 任何 rènhé 어떠한 | 退出 tuìchū 퇴장하다 | 签 qiān 서명하다, 사인하다 | 剩下 shèngxià 남다 | 剩余 shèngyú 나머지 | 缺乏 quēfá 결여되다

번역   기말 시험시간, 교수님이 시험지를 나누어 주기 전에 학생들에게 "너희들이 매우 열심히 공부한 것을 안다. 또 너희들 중 대다수가 여름 방학 후에는 일을 할 것이라는 것을 알기 때문에 내가 제안을 하나 하려고 한다. 오늘 시험에서 그냥 나간 사람에게는 모두 B학점을 줄 것이다." 라고 말하자 많은 학생들이 교수님 앞에 와서 사인을 했다. 마지막에 소수의 학생들이 남아 있을 때 교수님은 교실 문을 닫고 남은 몇 몇의 학생들에게 "나는 너희들의 자신감에 매우 감격했다. 너희들은 모두 A학점을 받을 것이다." 라고 말했다. 일상생활과 일에 있어서 사람들은 자신감의 결여로 인해 더 좋은 기회를 놓칠 때가 있다.

해설   1) 녹음을 들을 때 등장인물, 장소, 상황 등을 간단하게 속기한다.

인물: 教授, 学生

장소: 教室

상황: 教授提出了一个建议

마무리: 有时我们会因为没有自信而失去更好的机会

2) 그 다음 메모한 내용을 보고 이야기를 하면 된다.

3) 녹음에서 사용했던 단어를 사용하려고 애쓰면 시간을 낭비할 뿐만 아니라 잘못 된 문장을 만들 수도 있으니 자신의 말로 바꾸어 쉬운 문장을 만들어 말하는 것이 유리하다.

第 1-3 题：听后复述

3.

　　茶道，即烹茶、饮茶的艺术，是一种以茶为媒的生活礼仪，也被认为是修身养性的一种方式，它通过沏茶、赏茶、闻茶、饮茶增进友谊，养性修德，学习礼法，是很有益的一种生活仪式。喝茶能静心、静神，有助于陶冶情操、去除杂念。茶道精神是茶文化的核心，是茶文化的灵魂。

단어

茶道 chádào 다도 | 烹茶 pēngchá 차를 끓이다 | 媒 méi 매개체 | 礼仪 lǐyí 예의 | 修身养性 xiūshēnyǎngxìng 신심을 닦고 교양을 쌓다 | 沏茶 qīchá 차를 우리다 | 赏 shǎng 감상하다 | 闻 wén 냄새를 맡다 | 增进 zēngjìn 증진하다 | 养性 yǎngxìng 품성을 수양하다 | 修德 xiūdé 도를 닦다 | 礼法 lǐfǎ 예의와 법도 | 静心 jìngxīn 마음을 가라앉히다 | 静神 jìngshén 정신을 안정시키다 | 有助于 yǒuzhùyú …에 도움이 되다 | 陶冶 táoyě 수양하다 | 情操 qíngcāo 지조, 정서 | 去除 qùchú 제거하다 | 杂念 zániàn 잡념 | 灵魂 línghún 영혼

번역　　다도, 즉 차를 끓이고 차를 마시는 예술은 차를 매개체로 한 생활예절이자 또한 신심을 닦고 교양을 쌓는 하나의 방식이라 인식되고 있다. 다도는 차를 우리고, 감상하고, 냄새를 맡고, 음미하면서 우정을 돈독하게 하고, 덕성을 닦고 기르며, 예법을 배우는 아주 유익한 생활의식이다. 차를 마시면 마음을 가라앉힐 수 있고, 정신도 안정시킬 수 있으며, 성품을 도야하고 잡념을 없애는데 도움이 된다. 다도 정신은 차 문화의 핵심이며 차 문화의 영혼이다.

해설　　1) 이 문제는 어떤 이야기가 아니라 설명문이기 때문에 들리는 단어를 하나하나 메모한 다음 주제를 파악한다.

단어 메모: 茶道 → 生活礼仪 → 修身养性 → 增进友谊 → 学习礼法 → 很有益 → 静心 → 去除杂念 → 茶道精神

주제: 介绍茶道

2) 그 다음 메모한 내용을 보고 이야기를 하면 된다.

3) 메모할 때 한자로 적으면 시간이 걸리니 중국어 발음을 병음 혹은 한글로 표기하는 것이 효율적이다.

第 4 题: 朗读

4.

　　友谊是最神圣的真情，它是慷慨和荣誉的母亲、是光明和爱心的使者。朋友能带给我们温暖、支持和力量，让我们感受到生活的美好。在人生的旅途中，朋友伴我们同行，友谊照亮我们的生活之路。友谊是友好的象征，是亲密的体现，是人类生存不可缺少的精神财富。友谊是你孤寂时，搭在你肩上的一双温暖的手；友谊是你忘情欢呼时，在你背后的一双关切的眼睛；友谊是你成功时，默默为你祝福的心灵；友谊是你失败时，鼓励你的只言片语；友谊是你需要时，及时赶到的关怀、批评、鼓励；友情需要真诚去播种，热情去浇灌，原则去培养，谅解去护理。只要我们本着对人尊重理解、坦诚相待、宽容大度的原则，我们就可以成为更多人的朋友，也会得到更多的友情。

단어

神圣 shénshèng 신성하다 | 慷慨 kāngkǎi 아끼지 않다, 후하다 | 荣誉 róngyù 명예, 영예 | 使者 shǐzhě 사절, 사자 | 伴 bàn 동반하다 | 照亮 zhàoliàng 밝혀 주다 | 亲密 qīnmì 친밀하다 | 体现 tǐxiàn 체현하다, 구체적으로 드러내다 | 不可缺少 bùkěquēshǎo 없어서는 안 된다 | 孤寂 gūjì 외롭고 쓸쓸하다 | 搭 dā 걸치다 | 忘情 wàngqíng 감정이 북받치다 | 欢呼 huānhū 환호하다 | 关切 guānqiè 많은 관심을 갖다 | 默默 mòmò 묵묵히 | 鼓励 gǔlì 격려하다 | 只言片语 zhǐyánpiànyǔ 한두 마디의 말 | 播种 bōzhǒng 파종하다 | 浇灌 jiāoguàn 물을 대다 | 培养 péiyǎng 양성하다 | 护理 hùlǐ 보살피다 | 本着 běnzhe …에 의거하여 | 坦诚相待 tǎnchéngxiāngdài 솔직하고 성실하게 대하다 | 宽容大度 kuānróngdàdù 너그럽다

번역   우정은 가장 신성하고 진심어린 감정입니다. 우정은 아낌없이 주는 영예로운 어머니이자 광명과 사랑의 전도사입니다. 친구는 우리에게 따뜻함과 지지와 힘을 가져다주어 우리들로 하여금 삶이 아름답다는 것을 느끼게 해 줍니다. 인생의 여정에서 친구는 나와 함께하는 동행자이고, 우정은 우리 삶의 길을 밝게 비추어 줍니다. 우정은 우호적인 감정의 상징이며, 친밀함의 구현입니다. 그리고 인류생존에 있어서 없어서는 안될 정신적 재산입니다. 우정은 당신이 고독하고 외로울 때, 당신의 어깨에 올려진 따뜻한 손길이며, 당신이 기쁨에 충만해 환호할 때, 당신의 등 뒤에서 따뜻하게 지켜보는 눈길입니다. 우정은 당신이 성공을 했을 때, 묵묵히 당신의 성공을 축복하는 마음이며, 당신이 실패했을 때, 당신을 격려해 주는 한 마디의 짧은 말입니다. 우정은 당신이 필요로 할 때, 그 즉시 당신에게 찾아와주는 관심과 비평, 격려입니다. 우정은 성실하게 파종해야 하며, 열정으로 물을 주고, 원칙으로 보살펴야 합니다. 타인을 존중하고 이해하며, 진실된 마음과 너그러움으로 다른 사람을 대한다면, 더 많은 사람들의 친구가 될 수 있고, 더 많은 우정을 얻을 수 있을 것입니다.

해설 1) 낭독할 때 발음이 정확하고 또렷해야 한다.
2) 중국어는 톤이 높기 때문에 입을 크게 벌리고 발음해야 한다.
3) 문장을 낭독할 때 자신 있게 큰 소리로 읽어야 한다. 그리고 처음부터 끝까지 같은 톤으로 낭독하지 말고 소리의 고저·기복·휴지·곡절을 잘 표현해야 한다.
4) 느리게 낭독하는 것보다 조금 빨리 낭독하는 것이 좋다.

第 5-6 题: 回答问题

5. 　为了成功，最重要的是努力还是才华？请谈谈你的看法。

　　一些有成就的人，都是勤奋努力者，努力是成功的必要条件。倘若只靠自身的才华和天分取得一时的成就，而不注重后天的学习是不行的，不接受新知识到头来只会落在别人的后面。

　　"天才是百分之一的灵感加上百分之九十九的汗水"这是伟大的科学家爱迪生说的话。原本不是特别聪明的他，通过辛勤的努力，后来成为了举世闻名的发明家。成功就是要不懈地努力，对事业一如既往地追求。坚持不懈地努力，自然是"苦"事，但这是成功的必由之路。只有勤奋、努力上进，才能取得真才实学。

단어

倘若 tǎngruò 만일 | 天分 tiānfèn 타고난 소질 | 后天 hòutiān 후천(적) | 到头来 dàotóulái 결국 | 落 là 뒤떨어지다 | 灵感 línggǎn 영감 | 汗水 hànshuǐ 땀 | 举世闻名 jǔshìwénmíng 명성이 아주 크다 | 不懈 búxiè 꾸준하다 | 一如既往 yìrújìwǎng 지난날과 다름없다 | 坚持不懈 jiānchíbúxiè 조금도 느슨해지지 않고 끝까지 견지하다 | 自然 zìrán 당연하다 | 必由之路 bìyóuzhīlù 반드시 거쳐야 할 길 | 勤奋 qínfèn 부지런하다 | 上进 shàngjìn 진보하다 | 真才实学 zhēncáishíxué 진정한 재능과 건실한 학문

번역   성공을 위해 가장 중요한 것은 노력일까요, 아니면 재능일까요? 당신의 견해를 말씀해 보십시오.

성공한 사람들은 모두 근면하고 열심히 노력하는 사람들이며, 노력은 성공의 필요조건입니다. 만일 자신의 재능과 타고난 소질에만 의지해 일시적인 성공을 이루어내고, 후천적인 노력을 하지 않는 것은 바람직하지 않은 일일 것입니다. 새로운 지식을 받아들이려 하지 않는 것은 결국 다른 사람들보다 뒤처지게 될 수밖에 없습니다.

"천재는 1%의 영감과 99%의 땀으로 이루어진다." 이는 위대한 과학자 에디슨이 한 말입니다. 그는 원래 특별히 똑똑한 사람은 아니었지만 꾸준한 노력 끝에 세계적인 발명가가 되었지요. 성공하려면 게으름 피우지 않고 부단히 노력해야 하며, 일에 대해 끊임없이 추구해야 합니다. 한치의 게으름 없이 부단한 노력을 한다는 것은 당연히 "고생해야 하는" 일입니다. 하지만 노력은 성공을 위한 필수적인 길이지요. 부지런하고 열심히 노력하여 앞으로 나아가야만 성공할 수 있고, 진정한 재능과 학문을 얻을 수 있을 것입니다.

해설   이 부분의 문제는 제한시간이 2.5분이고, 최소한 12문장 이상 말해야 한다. 대답할 때 틀린 문장이 많으면 안 하기보다 못하니 자신 있는 문장을 간략하게 말하는 것이 좋다. 그리고 예를 들어 이야기하는 것이 설득력이 있고, 생동감을 줄 수 있다.

6. 你认为中学生应不应该统一着装？ 为什么？

我认为中学生需要统一着装，理由如下：

第一，校服可以使学生在身份上区别于社会其他人，因而有了学生自身的约束力，如集体荣誉感、遵纪守法、文明礼貌等。另外，统一着装可以杜绝学生的奇装异服，从而使学生形成正确的审美观。

第二，校服还可以产生一种平等感。虽然每个学生的家庭收入状况并不一样，但如果统一着装的话，同学之间的感觉是平等的，容易形成一种合作、团结、相互尊重的精神。以此培养学生艰苦朴素的品质，避免攀比之风在校园里盛行。

第三，学生统一着装对于推进校园文化建设是非常有益处的。学生统一穿校服有利于对学生进行教育和管理，有利于提升校园文化，培养学生的团队精神。

단어

着装 zhuózhuāng 옷차림 | 如下 rúxià 다음과 같다 | 区别 qūbié 구분하다 | 约束力 yuēshùlì 구속력 | 集体荣誉感 jítǐróngyùgǎn 단체영예감 | 遵纪守法 zūnjìshǒufǎ 법이나 기율을 준수하다 | 文明礼貌 wénmínglǐmào 교양이 있고 예의바르다 | 杜绝 dùjué 제지하다, 철저히 막다 | 奇装异服 qízhuāngyìfú 기괴한 복장 | 审美观 shěnměiguān 심미관 | 艰苦朴素 jiānkǔpǔsù 고통과 어려움을 잘 참고 견디며, 생활이 근검하고 소박하다 | 避免 bìmiǎn 방지하다 | 攀比 pānbǐ 허세를 부리다 | 盛行 shèngxíng 성행하다 | 推进 tuījìn 추진하다 | 团队精神 tuánduìjīngshén 단체정신

번역   당신은 중고등학생들이 통일된 복장을 해야 한다고 생각하십니까? 그 이유는?

저는 중고등학생들은 통일된 복장이 필요하다고 생각합니다. 그 이유는 아래와 같습니다.

첫 번째로, 교복은 학생들로 하여금 다른 사회구성원과의 신분적인 변별을 하게 합니다. 교복을 입음으로써 단체영예감, 기율과 준법의식, 예의범절 등과 같은 학생들 자신 스스로의 구속력을 깃게 해 주지요. 그 밖에도 통일된 복장은 학생들이 해괴한 복장을 하는 것을 막아주고, 학생들의 올바른 미적 가치관을 형성하게 합니다.

두 번째로, 교복은 일종의 평등의식을 만들어 주기도 합니다. 모든 학생가정의 경제적인 수준이 다르지만, 통일된 복장을 입을 경우, 친구들 사이에는 평등함을 느낄 것이고, 협동성, 단합, 서로 존중하는 풍조를 형성하기가 쉬워집니다. 이렇게 함으로써 근검 절약성을 기르고, 학교에서 비교하며 허세를 부리는 풍조가 성행하는 것을 방지할 수 있을 것입니다.

세 번째, 학교문화의 건설을 추진한다는 관점에서도 학생들의 통일된 복장은 매우 유익합니다. 학생들의 통일된 교복착용은 교육 및 관리의 측면에서도 유리하며, 교내문화와 학생들의 단체정신을 양성하는 데에도 유리합니다.

해설   어떤 일에 대한 이유를 설명할 때 "我认为……, 理由如下: 第一……第二……第三……"의 문형을 활용하면 말하기 쉽고 조리 있어 보인다.

신HSK 회화 고급 공략
실전 모의고사
2회 정답 및 해설

第 1-3 题: 听后复述

1.

　　一位年轻人拜访一位著名画家, 问道: "为什么我画一幅画儿, 只需要一天功夫, 可卖掉它却要整整一年? " 画家想了片刻, 说道: "年轻人, 请你倒过来试试。你花一年功夫画一幅画儿, 兴许一天就能卖掉。" 年轻人按照画家的指点, 从此仔细观察、写生、构思、创作, 后来事实果然如此。

단어

拜访 bàifǎng 삼가 방문하다 | 功夫 gōngfu 시간 | 整整 zhěngzhěng 온전히, 꼬박 | 片刻 piànkè 잠깐 | 倒过来 dàoguòlái 거꾸로 | 兴许 xīngxǔ 어쩌면 | 从此 cóngcǐ 이로부터 | 写生 xiěshēng 사생하다 | 构思 gòusī 구상하다 | 如此 rúcǐ 이와 같다

번역   한 젊은이는 아주 유명한 화가 한 분을 방문하여 화가에게 "한 폭의 그림을 그리는데 하루면 되는데 그것이 팔려나가려면 왜 꼬박 1년이 걸리는 것입니까?"라고 묻자 화가 선생님이 "젊은이, 거꾸로 한 번 해보지. 한 폭의 그림을 그리는데 1년이라는 시간을 투자해 보지 그래. 어쩌면 하루에 팔려나갈 수도 있을 걸." 젊은이는 화가 선생님의 가르침대로 아주 세심하게 관찰하고 사생하고 구상하여 창작한 결과 과연 그랬다.

해설   1) 녹음을 들을 때 등장인물, 장소, 상황 등을 간단하게 속기한다.

       인물: 一位年轻人，画家

       장소: 画家的家

       상황: 年轻人的画儿卖不出去

       마무리: 年轻人按照画家的指点，仔细观察、认真创作，结果他的画儿一天就卖出去了。

    2) 그 다음 메모한 내용을 보고 이야기를 하면 되는데 잘 안 들리는 부분은 적당이 추리해서 말해도 된다.

    3) 녹음에서 사용했던 단어를 사용하려고 애쓰면 시간을 낭비할 뿐만 아니라 잘못 된 문장을 만들 수도 있으니 자신의 말로 바꾸어 쉬운 문장을 만들어 말하는 것이 유리하다.

第 1-3 题: 听后复述

2.

　　有个富翁很喜欢自己的大儿子，于是他宣布将自己的全部遗产都留给大儿子，小儿子听说自己什么也得不到，就离开家到外面闯荡去了。小儿子在外面努力工作，学会了技术，增长了见识。而大儿子在家什么也不学，因为他总觉得，自己将来会有花不完的钱。可是父亲死后，大儿子什么都不会干，把自己所有的财产都花光了，而小儿子却因为在外面学会了挣钱的本领，变得越来越富裕。因此最大的财富不是财富本身，而是拥有创造财富的能力。

단어

富翁 fùwēng 부자 | 宣布 xuānbù 선포하다 | 遗产 yíchǎn 유산 | 闯荡 chuǎngdàng 세상을 떠돌며 경험을 쌓다 | 增长 zēngzhǎng 향상시키다 | 见识 jiànshi 견문 | 本领 běnlǐng 재능 | 富裕 fùyù 부유하다 | 财富 cáifù 재산, 자산

번역　　한 부자는 큰 아들을 아주 예뻐했으며 자신의 모든 재산을 큰 아들에게 줄 것이라고 선언하였다. 작은 아들은 자신이 아무 것도 얻을 수 없다는 사실을 알고 바로 집을 떠나 밖에서 떠돌며 경험을 쌓았다. 작은 아들은 밖에서 열심히 일을 하고 기술도 배우고 견문도 넓혔지만 큰 아들은 집에서 아무 것도 배우지 않았다. 그 이유는 자기가 장래에도 늘 돈이 많을 것이라고 생각했기 때문이다. 그런데 아버님이 돌아가신 후 큰 아들은 할 줄 아는 것이 아무 것도 없었으며 모든 재산을 탕진해 버리고 말았다. 그러나 작은 아들은 밖에서 돈을 버는 능력을 키웠기 때문에 점점 더 부유해 졌다. 때문에 가장 큰 자산은 자산 자체가 아니라 자산을 창조하는 능력이다.

해설　　1) 녹음을 들을 때 등장인물, 장소, 상황 등을 간단하게 속기한다.

　　　　　　인물: 富翁, 大儿子, 小儿子

　　　　　　장소: 他们的家

　　　　　　상황: 富翁宣布要把自己的全部遗产都留给大儿子

　　　　　　마무리: 最大的财富是创造财富的能力

　　　　2) 그 다음 메모한 내용을 보고 이야기를 하면 된다.

　　　　3) 메모할 때 한자로 적으면 시간이 걸리니 중국어 발음을 병음 혹은 한글로 표기하는 것이 효율적이다.

第 1-3 题: 听后复述

3.

　　晨练，即早上起床后进行的锻炼，是常见的锻炼身体形式之一。晨练活动人群中，以中老年人为主。运动可以增强体质、降脂减肥，可以解除压力，还能从中得到生活的乐趣。科学研究发现，晨练可以使呼吸频率加快，使氧气的吸入量增加，提高人体的供氧能力，从而达到增强体质的目的。

단어

晨练 chénliàn (아침에) 단련하다 | 即 jí 즉 | 常见 chángjiàn 흔히 보는, 흔한 | 增强 zēngqiáng 높이다 | 降 jiàng 내리다, 낮추다 | 脂 zhī 지방 | 乐趣 lèqù 즐거움 | 频率 pínlǜ 빈도(수) | 加快 jiākuài 빠르게 하다 | 氧气 yǎngqì 산소 | 吸入 xīrù 흡입하다 | 供氧 gōngyǎng 산소를 공급하다 | 从而 cóng'ér 그렇게 함으로써

번역　　　아침 단련, 즉 아침에 일어나 단련하는 것은 흔히 볼 수 있는 신체단련 형식 중의 하나이다. 아침에 단련하는 사람들 중에서 중·노년층이 주를 이룬다. 운동은 체질을 강화시키고, 지방을 감소시켜 체중을 줄이고, 스트레스를 해소할 수 있다. 그리고 운동을 통해 생활의 즐거움을 느낄 수도 있다. 과학적 연구를 통해 아침 운동은 호흡 빈도수를 빠르게 하고, 산소 흡입량을 증가시키며, 인체의 산소공급능력을 높여줌으로써 체질을 강화하는 목적에 이를 수 있다는 것을 발견하였다.

해설　　1) 이 문제는 어떤 이야기가 아니라 설명문이기 때문에 들리는 단어를 하나하나 메모한 다음 주제를 파악한다.

단어 메모: 晨练 → 中老年人为主 → 解除压力 → 得到生活的乐趣 → 科学
　　　　　 研究发现 → 提高人体供养能力 → 增强体质

주제: 晨练的好处

2) 그 다음 메모한 내용을 보고 이야기를 하면 된다.

3) 문제가 잘 안 들릴 때는 상식적으로 접근해도 된다. 이 문제 같은 경우 아침 단련의 장점에 대해 이야기하고 있으므로 이와 관련된 내용을 열거 하면 된다.

第 4 题: 朗读

4.

　　自信是人对自身力量的一种确信，深信自己一定能做成某件事，实现所追求的目标。发现自己的长处，是自信的基础，但在不同的环境里，优点显露的机会并不均等。例如，有些学校注重文化课，成绩好的学生其优点就能显露出来，而体育好的人未必受重用；换成体校，情况可能就恰好相反。因此，我们在评价自己的时候，可以采用场景变换的方法，寻找'自信的我'，这样我们可能会意外地发现，自己原来有很多优点与长处。相信自己行，才能大胆尝试，接受挑战。为此，我们要在回忆过去成功的经历中体验信心。同时，更要多做事，力争把事情做成，从中受到更多的鼓舞。

단어

确信 quèxìn 확신하다 | 深信 shēnxìn 굳게 믿다 | 某 mǒu 어느, 모 | 基础 jīchǔ 기초 | 显露 xiǎnlù 드러내다 | 均等 jūnděng 균등하다 | 注重 zhùzhòng 중시하다 | 文化课 wénhuàkè 기초 지식을 가르치는 수업 | 未必 wèibì 꼭 …하다고 할 수 없다 | 重用 zhòngyòng 중용하다 | 体校 tǐxiào 체육 학교 | 采用 cǎiyòng 응용하다 | 场景 chǎngjǐng 장면 | 尝试 chángshì 시도해 보다 | 挑战 tiǎozhàn 도전 | 体验 tǐyàn 체험하다 | 力争 lìzhēng 노력을 아끼지 않다 | 鼓舞 gǔwǔ 격려하다

번역   자신감은 사람이 자신의 역량에 대해 갖는 일종의 확신이고, 자신이 반드시 어떤 일을 성공시킬 수 있다는 것을 깊게 믿으며, 자신이 추구하는 목표를 실현하는 것입니다. 자신의 장점을 발견하는 것은 자신감의 기초입니다. 하지만 서로 다른 환경 속에서 다른 사람에게 자신의 장점을 보여줄 수 있는 기회는 모든 사람에게 균등하게 주어지는 것은 아닙니다. 예를 들면, 어떤 학교에서는 학문적인 과목을 중시함으로써, 학업성적이 우수한 학생들의 장점은 두드러지게 나타나지만, 체육과목 성적이 우수한 학생들은 그다지 주목 받지 못하게 됩니다. 반면에 체육전문학교에서는 정반대입니다. 그래서 우리들은 자기 자신을 평가할 때 장소와 상황을 바꿔보는 방법으로 '자신감 있는 나'를 찾을 수 있고, 그러면 우리는 의외로 자신이 많은 장점과 우수한 면을 지니고 있다는 것을 발견하게 될 것입니다. 자신이 할 수 있다는 것을 믿어야 만 용기를 내어 시도도 하고, 도전도 할 수 있을 것입니다. 그러므로 우리들은 과거 성공의 경험을 통해 자신감을 얻어야 할 것입니다. 동시에 더 많은 일을 하도록 노력하며, 일을 성공시키기 위해 노력해야 합니다. 그러면 그 과정에서 더 많은 용기를 얻게 될 것입니다.

해설   1) 낭독할 때 발음이 정확하고 또렷해야 한다.
2) 중국어는 톤이 높기 때문에 입을 크게 벌리고 발음해야 한다.
3) 문장을 낭독할 때 자신 있게 큰 소리로 읽어야 한다. 그리고 처음부터 끝까지 같은 톤으로 낭독하지 말고 소리의 고저·기복·휴지·곡절을 잘 표현해야 한다.
4) 느리게 낭독하는 것보다 조금 빨리 낭독하는 것이 좋다.

第 5-6 题: 回答问题

5. 大城市的交通越来越拥挤，你觉得应该怎样解决?

首先，要合理设置交通信号。现在城市交通的管理，基本上是交给了信号灯，然而，不合理的信号设置，恰恰会成为制造城市交通拥堵的罪魁祸首。

其次，主要交通路口要有人员管理。信号灯是死的，无论怎么设置，它都不会根据时刻变化的情况做出调整，如果有交通警察来实际操作，这样会大大提高效率，解决交通不畅问题。人可以利用先进技术，但不能让先进技术绑架了人类。如果交通警察的指挥能力和高科技融为一体，随时指挥信号的变换，城市交通会得到很大改善。

最后，大力发展公共交通，提倡人们使用公共交通工具。显而易见，如果人们都使用公共交通工具上下班的话，私家车和公务车的数量会大大减少，那么城市交通压力必然也会减少，因此发展公共交通战略势在必行。

단어

基本上 jīběnshang 기본적으로, 대체로, 주로 | 交给 jiāogěi …에게 맡기다 | 恰恰 qiàqià 바로, 꼭 | 拥堵 yōngdǔ 길이 막히다 | 罪魁祸首 zuìkuíhuòshǒu 재난의 주요 원인 | 时刻 shíkè 시시각각 | 操作 cāozuò 조작하다 | 不畅 búchàng 원활하지 못하다 | 绑架 bǎngjià 인질로 잡다 | 融为一体 róngwéiyìtǐ 일체가 되다 | 大力 dàlì 대대적으로 | 显而易见 xiǎn'éryìjiàn 명백히 알 수 있다 | 私家车 sījiāchē 자가용 | 公务车 gōngwùchē 공무수행차량 | 势在必行 shìzàibìxíng 피할 수 없는 추세〔상황〕이다

번역　대도시의 교통체증은 날로 심각해지고 있는데, 당신은 어떻게 해결해야 한다고 생각하십니까?

우선, 합리적인 교통신호체계를 마련해야 합니다. 현재의 도시교통관리는 주로 신호등에게 맡겨두었습니다. 그러나 불합리하게 설치된 신호체계는 바로 도시교통체증을 일으키는 주범이 될 수 있습니다.

그 다음, 주요도로의 진출로는 사람이 관리해야 합니다. 신호등은 살아있는 생물이 아니기 때문에, 어떻게 설치한다 하더라노 시시각각의 교통상황 변화에 대처하는 자동조정이 불가능합니다. 만약 교통경찰이 직접 조작을 할 경우 효율성 제고 효과는 클 것이며, 교통체증 문제는 해결이 될 것입니다. 사람이 선진기술을 이용할 수는 있지만, 그 선진기술이 사람의 발목을 잡아서는 안 될 것입니다. 만일 교통경찰의 지휘능력과 첨단과학기술이 하나로 융합되어 교통지휘신호가 수시로 변환된다면, 도시의 교통은 커다란 개선을 보일 것입니다.

마지막으로, 대중교통수단을 더 많이 발전시켜 사람들이 대중교통수단을 이용하도록 이끌어야 합니다. 분명한 것은 사람들이 출퇴근 시 대중교통수단을 이용하게 되면, 자가용 차량 및 공무수행차량의 양은 감소할 것이고, 그러면 도시교통의 부담을 자연히 덜 수 있게 될 것입니다. 때문에 대중교통수단을 발전시키는 전략의 시행은 피할 수 없는 추세입니다.

해설　어떤 일에 대한 이유를 설명할 때 "首先……其次……最后……"의 문형을 활용하면 말하기 쉽고 조리 있어 보인다.

6. 你觉得整过容的人有资格参加选美大赛吗？为什么？

　　人类社会已进入可以改头换面的时代，旧貌换新颜、丑小鸭变成美天鹅再也不是神话。我并不排斥整容选手参与选美大赛，但如果为了参加比赛，而对自己进行大规模的整容，往往会适得其反。我认为"微整容"会成为未来的潮流，垫鼻梁，割双眼皮，都有可能是将来选美比赛中选手经常采取的"加分"策略。不过对于大规模的脸部整容，我依旧持否定态度。人的五官都是有一定比例的，如果'大动干戈'，往往会导致比例失调，特别是鼻梁，这是比例感最明显的所在。况且，选美大赛不是单纯比容貌，整容也不一定会使选手拿到冠军。

단어

整容 zhěngróng 얼굴을 성형하다 | 改头换面 gǎitóuhuànmiàn 겉모습만 바꾸다 | 旧貌换新颜 jiùmàohuànxīnyán 면모를 일신하다 | 丑小鸭 chǒuxiǎoyā 미운 오리 새끼 | 天鹅 tiān'é 백조 | 排斥 páichì 배척하다 | 选美大赛 xuǎnměidàsài 미녀 선발대회 | 适得其反 shìdéqífǎn 결과가 바라는 것과 정반대가 되다 | 垫 diàn 받치다 | 鼻梁 bíliáng 콧등 | 割 gē 절개하다 | 双眼皮 shuāngyǎnpí 쌍꺼풀 | 加分 jiāfēn 가점하다 | 策略 cèlüè 전략 | 依旧 yījiù 여전히 | 持 chí 주장하다 | 五官 wǔguān 오관 | 比例 bǐlì 비례, 비율 | 大动干戈 dàdònggānē 대대적으로 일을 벌이다 | 失调 shītiáo 균형을 잃다 | 明显 míngxiǎn 뚜렷하다, 확연히 드러나다

번역　당신은 성형수술을 한 사람이 미인대회에 참가할 자격이 있다고 생각하십니까? 그 이유는?

　　인류사회는 이미 겉모습을 완전히 바꿀 수 있는 시대에 이르렀습니다. 옛 모습에서 새로운 얼굴로, 미운 오리새끼가 아름다운 백조로 변하는 것은 더 이상 동화 속의 이야기가 아닙니다. 저는 성형수술자의 미인대회 참가를 그다지 빈대하는 편은 아닙니다. 그러니 대회참기를 위해 대규모의 성형수술을 한다면 때로는 바람과는 정반대의 결과를 낳기도 합니다. 제 생각에 "작은 성형수술"은 앞으로 성형수술의 흐름이 되리라 생각하며, 코 성형수술, 쌍꺼풀 성형수술 등은 모두 미인대회 참가자의 일상적인 "득점" 전략이 될 것입니다. 그렇지만, 대규모 얼굴성형수술에 대해서는 부정적인 생각을 가지고 있습니다. 사람의 오관은 모두 일정한 비례를 지니고 있는데, 만일 '대대적으로 일을 벌인다면', 종종 그 비례의 실종을 유발하게 되는데, 특히 콧등의 경우에는 비례감이 가장 명확하게 보이는 부위이므로, 그 비례의 실종이 두드러질 것입니다. 더욱이 미인대회는 단순히 용모의 아름다움만을 겨루는 것이 아니므로, 성형수술이 참가자에게 꼭 왕관의 영예를 안겨주는 것은 아닙니다.

해설　이 부분의 문제는 모두 대답하기 어려운 질문들이다. 따라서 제한된 시간 내에 이야기를 만들어내려면 평소에 TV나 라디오를 많이 보고 들으면 정보를 많이 얻을 수 있다. 그리고 본인의 견해를 서술할 때 대답하기 쉬운 쪽을 선택하는 것이 훨씬 유리하다.

신HSK 회화 고급 공략
실전 모의고사
3회 정답 및 해설

第 1-3 题: 听后复述

1.

老师看到一位非常调皮的学生在课间休息时总是自己玩耍, 于是问道: "为什么总是自己躲在一旁, 不和大家一起玩儿呢?" 学生生气地回答道: "其实, 我也不想这样, 是大家嫌我的脾气不好, 所以都讨厌我。" 老师听后说: "如果你不改掉你的脾气, 走到哪里都不会受欢迎的, 你试着改变一下自己, 一切就都会好起来的。"

단어

调皮 tiáopí 장난이 심하다 ┃ 课间休息 kèjiānxiūxi 수업 사이의 휴식 ┃ 玩耍 wánshuǎ 놀다 ┃ 于是 yúshì 그리하여 ┃ 躲 duǒ 피하다 ┃ 嫌 xián 싫어하다

번역   선생님은 장난이 아주 심한 한 학생이 쉬는 시간에 늘 혼자서 노는 것을 보고 "왜 애들하고 같이 놀지 않고 늘 한 쪽에 숨어서 혼자 노는 거니?" 라고 묻자, 학생이 화를 내면서 "사실 저도 이러고 싶지 않아요. 애들이 제가 성격이 안 좋다고 저를 싫어해요." 라고 말했다. 이 말을 들은 선생님은 "네가 성격을 고치지 않으면 어디에 가도 환영을 받지 못할 것이야. 스스로 고치려고 노력해봐, 그러면 모든 것이 좋아 질 거야."

해설   1) 녹음을 들을 때 등장인물, 장소, 상황 등을 간단하게 속기한다.

인물: 老师，调皮的学生

장소: 课间休息时学校的操场

상황: 调皮的学生躲在一旁自己玩耍

마무리: 改掉坏脾气，才会受到大家的欢迎

2) 그 다음 메모한 내용을 보고 이야기를 하면 되는데 잘 안 들리는 부분은 적당이 추리해서 말해도 된다.

3) 메모할 때 한자로 적으면 시간이 걸리니 중국어 발음을 병음 혹은 한글로 표기하는 것이 효율적이다.

第 1-3 题: 听后复述

2.

　　古时候，有两个兄弟各自带着一只行李箱出远门。一路上，重重的行李箱将兄弟俩压得喘不过气来。他们只好左手累了换右手，右手累了又换左手。忽然，大哥停了下来，在路边买了一根扁担，将两个行李箱一左一右挂在扁担上。他自己挑起两个箱子上路，反倒觉得轻松了很多。在我们人生的大道上，肯定会遇到许许多多的困难，但我们是不是都知道，在前进的道路上，搬开别人脚下的绊脚石，有时恰恰是为自己铺路？

단어

行李箱 xínglǐxiāng 트렁크 | 压 yā (내리)누르다, 꼼짝 못하게 하다 | 喘不过气来 chuǎnbúguòqìlái 숨을 돌릴 수가 없다 | 扁担 biǎndan 멜대 | 挂 guà 걸다 | 挑 tiāo (멜대로) 메다 | 上路 shànglù 길에 오르다, 출발하다 | 轻松 qīngsōng 수월하다, 가볍다 | 前进 qiánjìn 앞으로 나아가다 | 搬开 bānkāi 옮겨버리다 | 绊脚石 bànjiǎoshí 걸림돌 | 铺路 pūlù 길을 닦다

번역   옛날에 두 형제가 각자 트렁크를 하나씩 들고 먼 길을 떠났는데, 도중에 무거운 트렁크가 이들을 꼼짝 못하게 해서 숨을 돌릴 수가 없었다. 할 수 없이 왼손이 힘들면 오른손으로 바꾸고 오른 손이 힘들면 왼손으로 바꾸어 들었다. 갑자기 형이 멈춰서더니 길가에서 멜대를 하나 사와 두 트렁크를 멜대의 좌우에 걸고 혼자서 두 트렁크를 메고 길에 오르니 오히려 훨씬 가볍게 느껴졌다. 우리는 인생의 대로에서 아주 많은 어려움을 만날 것이다. 그러나 우리가 앞으로 나아갈 때 다른 사람 발밑의 걸림돌을 옮겨주는 것이 바로 자신을 위해 길을 닦는다는 것을 모두 알고 있을까?

해설   1) 녹음을 들을 때 등장인물, 장소, 상황 등을 간단하게 속기한다.

        인물: 两个兄弟

        장소: 在路上

        상황: 两个重重的行李用扁担挑反而更省劲儿

        마무리: 搬开别人脚下的绊脚石，有时是为自己铺路

   2) 그 다음 메모한 내용을 보고 이야기를 하면 된다.

   3) 녹음에서 사용했던 단어를 사용하려고 애쓰면 시간을 낭비할 뿐만 아니라 잘못 된 문장을 만들 수도 있으니 자신의 말로 바꾸어 쉬운 문장을 만들어 말하는 것이 유리하다.

第 1-3 题: 听后复述

3.

　　每年六月中旬到七月中旬前后，天空会一直飘着阴云，持续下雨，有时大有时小，这段时间就是我们所说的"梅雨季节"。由于这段时间湿度比较大，空气中有害物质容易留在室内，所以我们特别要注意房间的通风，衣服要常洗常换，晴天时，要把被褥和衣服拿到通风处暴晒，要尽量保持家居衣物通风干燥。

단어

飘 piāo 날아 흩어지다 | 阴云 yīnyún 검은 구름 | 梅雨季节 méiyǔjìjié 장마철 | 湿度 shīdù 습도 | 有害 yǒuhài 해롭다 | 留 liú 남다 | 通风 tōngfēng 통풍시키다 | 被褥 bèirù 이불과 요 | 暴晒 bàoshài 강한 햇볕에 오래 쪼이다 | 家居 jiājū 집안 | 衣物 yīwù 의복과 기타 일용품

번역 매년 6월 중순에서 7월 중순 전후에 하늘은 줄곧 구름이 깔려있고 계속 비가 내리는데 때로는 큰 비가 내리고 때로는 작은 비가 내리기도 한다. 이 기간이 우리가 말하는 이른바 "장마철" 이다. 이 기간에는 습도가 비교적 높기 때문에 공기 중의 유해물질이 실내에 쉽게 남아있을 수 있으므로 우리는 실내 통풍에 특별히 주의해야 하며 의류는 자주 빨고 자주 갈아입어야 한다. 날씨가 맑을 때는 이부자리와 옷가지를 통풍이 잘되는 곳에 널어 놓고 강한 햇볕에 쪼이고 가급적이면 집에 있는 옷들을 바람이 잘 통하게 하고 건조한 상태를 유지해야 한다.

해설 1) 이 문제는 어떤 이야기가 아니라 설명문이기 때문에 들리는 단어를 하나하나 메모한 다음 주제를 파악한다.

단어 메모: 天空 → 阴云 → 持续下雨 → 梅雨季节 → 湿度比较大 → 有害物质 → 注意通风 → 保持家居衣物通风干燥

주제: 有关梅雨季节的常识

2) 그 다음 메모한 내용을 보고 이야기하면 된다.

3) 메모할 때 한자로 적으면 시간이 걸리니 중국어 발음을 병음 혹은 한글로 표기하는 것이 효율적이다.

第 4 题: 朗读

4.

　　朋友是来自心灵的泉水，是苦恼中的依靠，是温柔而安全的托身之地。尤其是等你老了、累了、疲惫不堪想休息的时候，朋友便是一壶浓郁的酒，可以伴着你有滋有味地回首以往的岁月。在人生的旅途中每个人都会遇到不同的困境，在这个时候朋友会给你带来很大帮助，有时朋友的一句话，或一个建议可以让你胜读十年书。人都有旦夕祸福的时候，在这个时候，如果有朋友的指点或支援，就会让你化祸为福，如果你有烦恼和忧愁，找一个朋友诉说就会减轻这些苦恼。当然朋友也有很多种，有狐朋狗友、酒肉朋友，有句话叫做，患难见真情，只有患难与共的朋友才是真正的朋友。

단어

心灵 xīnlíng 정신, 영혼 | 依靠 yīkào 의지하다 | 托身 tuōshēn 몸을 맡기다 | 疲惫 píbèi 대단히 피곤 〔피로〕하다 | 不堪 bùkān (부정적인 의미로) 몹시 심하다 | 浓郁 nóngyù 그윽하다 | 伴 bàn 동반하다 | 有滋有味 yǒuzīyǒuwèi 흥미진진하다 | 回首 huíshǒu 돌이켜보다 | 岁月 suìyuè 세월 | 困境 kùnjìng 곤경 | 胜 shèng 낫다 | 旦夕祸福 dànxīhuòfú 재난이나 행운은 언제든지 찾아올 수 있다 | 指点 zhǐdiǎn 가리켜 알려 주다 | 化祸为福 huàhuòwéifú 화를 복이 되도록 하다 | 诉说 sùshuō 간절히 하소연하다 | 减轻 jiǎnqīng 줄다, 감소하다 | 狐朋狗友 húpénggǒuyǒu 못된 친구 | 酒肉朋友 jiǔròupéngyou 손우(損友) [어울려 다니며 정당한 일은 하지 않고 쾌락만을 추구하고, 어려울 때는 전혀 도움이 안 되는 친구] | 患难见真情 huànnànjiànzhēnqíng 고난에 처했을 때 진정한 감정을 헤아릴 수 있다 | 患难与共 huànnànyǔgòng 고난을 함께 겪다

번역

　　친구는 마음 속의 샘물이며, 고민이 있을 때는 의지의 대상이자 편안하고 안전하게 몸을 의탁할 수 있는 곳입니다. 특히 당신이 늙고, 힘들고, 지쳐 쓰러져 쉬고 싶을 때, 친구는 한 동이의 그윽한 향을 풍기는 술이 되어 당신과 함께 지나간 세월을 즐겁게 추억할 수 있는 동반자가 될 것입니다. 인생의 여정에서 모든 사람들이 서로 다른 곤경에 맞닥뜨리게 되는 데, 이 때 친구는 당신에게 큰 도움을 가져다 줄 깃이며, 때론 친구의 말 한미디, 혹은 한 마디의 조언이 당신이 10년간 공부한 것보다 더 많은 도움을 줄 것입니다. 사람들은 모두 언제든지 불행이나 행운이 갑자기 찾아올 수 있으며, 이 때 만약 친구가 있어 당신에게 조언이나 지원을 아끼지 않는다면 당신에게는 전화위복의 계기가 될 수도 있을 것이고, 만약 당신에게 근심과 걱정이 있을 때 친구에게 찾아가 어려움을 하소연한다면 그 고민들은 훨씬 가벼워질 수 있을 것입니다. 물론 친구의 종류는 불량한 나쁜 친구, 술과 쾌락만을 쫓는 친구 등 여러 가지가 있습니다. 옛말에 이르기를 어려움 속에 진심을 알 수 있다고 했는데, 어려움을 함께 하는 친구야말로 진정한 친구라고 할 수 있을 것입니다.

해설

1) 낭독할 때 발음이 정확하고 또렷해야 한다.
2) 중국어는 톤이 높기 때문에 입을 크게 벌리고 발음해야 한다.
3) 문장을 낭독할 때 자신 있게 큰 소리로 읽어야 한다. 그리고 처음부터 끝까지 같은 톤으로 낭독하지 말고 소리의 고저·기복·휴지·곡절을 잘 표현해야 한다.
4) 느리게 낭독하는 것보다 조금 빨리 낭독하는 것이 좋다.

第 5-6 题: 回答问题

5. 你觉得传统的大家庭和现代的小家庭之中, 哪个更好? 请说明一下理由。

　　如今随着时代的变迁, 人们普遍希望过温馨的小家庭生活, 家庭趋小型化, 这是必然的趋势。小家庭是顺应时代变化而出现的, 我认为它有以下几个优势: 1. 经济完全独立。小家庭可根据自己的需要安排消费, 能更充分地满足家庭成员的消费需求, 又可灵活调整收支平衡, 而且还可以避免大家庭容易出现的经济矛盾。2. 可以根据个人爱好安排最富个性特征的起居生活, 从而使生活更加丰富多彩, 避免了大家庭生活的规范化。3. 小家庭中的主夫主妇独立自主意识强、对家庭责任感强。4. 小家庭人际关系简单, 因此可以避免许多交叉矛盾。

단어

随着 suízhe …에 따라 ┃ 变迁 biànqiān 변천하다 ┃ 温馨 wēnxīn 아늑하다 ┃ 趋 qū 나아가다, 향해 가다 ┃ 顺应 shùnyìng 순응하다 ┃ 灵活 línghuó 융통성〔신축성〕있다 ┃ 收支平衡 shōuzhīpínghéng 수지균형 ┃ 避免 bìmiǎn 방지하다 ┃ 富 fù 많다, 풍부하다 ┃ 起居 qǐjū 일상생활 ┃ 规范化 guīfànhuà 규범화하다 ┃ 交叉 jiāochā 교차하다

번역 당신은 전통적인 대가족과 현대적인 소가족 중 어느 것이 더 낫다고 생각하나요? 그 이유를 설명해 보세요.

오늘날, 시대의 변천에 따라 사람들은 보편적으로 편안하고 아늑한 소가족을 선호하고 있습니다. 가정은 소형화를 추구하고, 이것은 필연적인 추세입니다. 소가족은 시대적 변화에 순응하여 출현된 것입니다. 저는 소가족이 아래의 몇 가지 장점이 있다고 생각합니다. 1. 완전한 경제적 독립. 소가족은 자신들의 수요에 입각한 소비를 계획할 수 있고, 가족 구성원 각자의 소비요구를 보다 충분히 만족시킬 수 있습니다. 또한 수입·지출의 균형을 융통성 있게 조정할 수 있고, 게다가 대가족에서 자주 발생하는 경제적 모순을 피해갈 수 있습니다. 2. 개인의 취미에 근거하여 개인특성을 최대한 살린 일상생활을 누릴 수 있음으로써, 생활이 더욱 풍부하고 다채로워지며, 대가족 생활의 규범화된 경직성에서 벗어날 수 있습니다. 3. 소가족의 남편, 아내는 독립적인 자주의식이 강하고, 가정에 대한 책임감이 강합니다. 4. 소가족의 대인관계는 단순하므로, 대가족의 다양한 대인관계에서 오는 수많은 교차모순을 피할 수 있습니다.

해설 이 부분의 문제는 제한시간이 2.5분이고, 최소한 12문장 이상 말해야 한다. 대답할 때 틀린 문장이 많으면 안 하기보다 못하니 자신 있는 문장을 간략하게 말하는 것이 좋다. 그리고 자신의 견해에 대한 이유를 설명할 때 1,2,3,4 …로 정리하여 설명하는 것이 이해하기가 쉽고 조리 있어 보인다.

6. 现在很多人都喜欢在大城市生活，请谈谈你的看法。

　　大城市有它自身的许多优点，经济发达、文化娱乐活动丰富、信息快、就业机会多、发展机会也多，社会保障体系相对健全，还有那就是大城市的"政治文明"程度较高，对权力有一定程度的约束，公民权利相对更有保障，舆论监督也比较到位。此外住房、医疗、教育条件，大城市也是比较优越的，所以现在很多人都喜欢在大城市生活。但是随着社会的发展，大城市的缺点也逐渐显露出来了，糟糕的空气，严重的噪音会随时伴随着你的生活，就业、住房的压力不得不让你和时间赛跑，无暇顾及周围的景色，无法尝试轻松的生活。总之人们的生活形态需要自己做出决策，无论是在大城市生活，还是在小城市生活，只要能展现出自我，活得精彩就可以了。

단어

健全 jiànquán 완비하다 | 约束 yuēshù 규제하다 | 公民 gōngmín 국민 | 传播 chuánbō 전파하다 | 途径 tújìng 경로 | 舆论 yúlùn 여론 | 监督 jiāndū 감독(하다) | 到位 dàowèi 딱 들어맞다, 매우 적절하다 | 显露 xiǎnlù 드러내다 | 噪音 zàoyin 소음 | 伴随 bànsuí 수반하다 | 无暇 wúxiá 틈〔짬·겨를〕이 없다 | 顾及 gùjí …에 주의하다 | 决策 juécè 결정된 책략 | 展现 zhǎnxiàn 드러내다 | 精彩 jīngcǎi 근사하다, 멋지다

번역   오늘날 많은 사람들은 대도시에서 사는 것을 좋아하는데, 당신의 생각은 어떠합니까?

    대도시는 그 자체로서의 많은 장점을 지니고 있습니다. 발달한 경제, 풍부한 문화 활동, 빠른 정보, 많은 취업 기회, 그리고 발전의 기회 또한 많습니다. 사회보장체계가 상대적으로 잘 갖추어져 있고, 대도시의 "정치문명" 정도가 비교적 높으며, 권력에 대해 어느 정도의 견제도 하고, 국민권리도 상대적으로 보장이 잘 되어있습니다. 여론 감독 역시 비교적 일정수준에 도달해 있습니다. 그 밖에 주택, 의료, 교육조건에 있어서도 대도시는 비교적 우월하므로, 오늘날의 많은 사람들이 모두 대도시에서 사는 것을 좋아합니다. 그러나 사회의 발전에 따라 대도시의 단점 역시 점점 분명하게 드러나고 있습니다. 오염된 공기 및 심각한 소음은 수시로 당신의 생활 속에 수반되고, 취업, 주택문제의 스트레스는 당신으로 하여금 시간과 경쟁을 하도록 부추기고 있습니다. 주위의 아름다운 경관을 감상할 수 없고, 홀가분하고 여유 있는 생활을 맛볼 수 없게 하고 있습니다. 요컨대, 사람의 생활형태는 스스로 결정해야 하고, 대도시에서 살든 소도시에서 살든 자신의 모든 재능을 보여주며 멋진 삶을 살면 될 것입니다.

해설   이 부분의 문제는 모두 대답하기 어려운 질문들이다. 따라서 제한된 시간 내에 이야기를 만들어내려면 평소에 TV나 라디오를 많이 보고 들으면 정보를 많이 얻을 수 있다. 그리고 본인의 견해를 서술할 때 대답하기 쉬운 쪽을 선택하는 것이 훨씬 유리하다.

신HSK 회화 고급 공략
실전 모의고사
4회 정답 및 해설

第 1-3 题: 听后复述

1.

　　在高速行驶的火车上，一位老人刚买的一只新鞋从窗口掉了下去，周围的人感到非常惋惜，不料老人立即把另一只鞋也从窗口扔了下去。老人的这一举动让周围的人大吃了一惊，老人解释说："这一只鞋无论多么昂贵，对我而言已经没有用了，如果有谁能捡到一双鞋子，说不定他还能穿上呢！"

단어

行驶 xíngshǐ 운항하다, 달리다 | 窗口 chuāngkǒu 창문 | 惋惜 wǎnxī 안타까워하다 | 不料 búliào 뜻밖에 | 立即 lìjí 곧, 즉시 | 举动 jǔdòng 행위 | 大吃一惊 dàchīyìjīng 깜짝 놀라다 | 昂贵 ángguì 비싸다 | 而言 éryán …에 대해 말하(자)면 | 说不定 shuōbúdìng …일지도 모른다

번역   고속으로 달리는 열차에서 한 노인의 방금 산 새 신발 한 짝이 창문으로 떨어지자 주위 사람들은 안타까워했다. 그런데 노인은 다른 한 짝도 창문 밖으로 던져버렸다. 노인의 이러한 행동은 주위의 사람들을 아주 놀라게 하였다. 노인은 "이 한 짝의 신발이 아무리 비싸다 하더라도 제게는 이미 필요 없습니다. 만약 누가 한 켤레의 신발을 주울 수 있다면 신을 수 있을 지도 모르잖아요." 라고 설명했다.

해설   1) 녹음을 들을 때 등장인물, 장소, 상황 등을 간단하게 속기한다.

        인물: 一位老人

        장소: 火车上

        상황: 老人的一只新鞋从窗口掉了下去

        마무리: 老人把另一只鞋也扔了下去

    2) 그 다음 메모한 내용을 보고 이야기를 하면 되는데 잘 안 들리는 부분은 적당이 추리해서 말해도 된다.

    3) 메모할 때 한자로 적으면 시간이 걸리니 중국어 발음을 병음 혹은 한글로 표기하는 것이 효율적이다.

第 1-3 题: 听后复述

2.

有一对兄弟，他们住在40楼。有一天，他们外出旅行回家，发现大楼停电了，没办法他们只好背着大包儿的行李，一步一步艰难地爬着楼梯，爬到20楼的时候，哥哥说："行李太重，我们把行李放在这里，等来电后坐电梯来拿吧。"然后他们继续往上爬，终于到了40楼，兴奋地来到家门口的兄弟俩，这才发现他们的钥匙留在了20楼的行李里，他们不得不重新爬一遍楼梯。

단어

停电 tíngdiàn 정전되다 ┃ 大包儿 dàbāor 큰 보따리 ┃ 艰难 jiānnán 힘들다 ┃ 楼梯 lóutī 계단 ┃ 来电 láidiàn (끊어졌던) 전기가 들어오다 ┃ 终于 zhōngyú 마침내 ┃ 重新 chóngxīn 다시, 재차

번역   두 형제가 40층에 살고 있었다. 하루는 그들이 여행을 하고 집으로 돌아왔는데 빌딩이 정전되어 할 수 없이 큰 보따리를 짊어지고 계단을 한 걸음 한 걸음 힘겹게 걸어올라 갔다. 20층까지 올라갔을 때 형이 "짐이 너무 무거우니까 우리 짐을 이곳에 놓아뒀다가 전기가 들어오면 엘리베이터를 타고 가지러 오자." 라고 말했다. 그리고 그들은 계속해서 계단을 올라갔으며 마침내 40층에 도착하였다. 감격하며 집 앞에 도착한 두 형제는 그제야 열쇠가 20층에 놓아둔 짐 속에 있다는 것을 알았다. 그들은 어쩔 수 없이 계단을 다시 한 번 올랐다.

해설   1) 녹음을 들을 때 등장인물, 장소, 상황 등을 간단하게 속기한다.
　　　　인물: 一对兄弟
　　　　장소: 楼梯里
　　　　상황: 电梯坏了, 没办法只好爬楼梯
　　　　마무리: 因为钥匙在行李里, 所以他们不得不再爬一遍楼梯
　　　2) 그 다음 메모한 내용을 보고 이야기를 하면 된다.
　　　3) 녹음에서 사용했던 단어를 사용하려고 애쓰면 시간을 낭비할 뿐만 아니라 잘못 된 문장을 만들 수도 있으니 자신의 말로 바꾸어 쉬운 문장을 만들어 말하는 것이 유리하다.

第 1-3 题: 听后复述

3.

　　垃圾分类，是指将垃圾分成三类，即一般垃圾、可回收垃圾和厨余垃圾。人类每天会排出大量的垃圾，如果将他们随意丢弃的话，会造成严重的环境污染，因此我们要对垃圾进行分类处理。我们每个人都是垃圾的制造者，同时又是垃圾的受害者，但我们更应是垃圾公害的治理者，我们每个人都可以通过垃圾分类来战胜垃圾公害。

단어

分类 fēnlèi 분류하다 | 回收 huíshōu 회수하여 이용하다 | 厨余垃圾 chúyúlājī 음식물 쓰레기 | 排出 páichū 배출하다 | 随意 suíyì 마음대로 | 丢弃 diūqì 내다 버리다 | 污染 wūrǎn 오염시키다 | 受害者 shòuhàizhě 피해자 | 制造者 zhìzàozhě 제조자 | 治理 zhìlǐ 정비하다 | 战胜 zhànshèng 이겨 내다

번역   쓰레기 분류란 쓰레기를 세가지로 분류하는 것을 가리킨다. 즉 일반 쓰레기, 재활용 쓰레기와 음식물 쓰레기다. 인류는 매일 대량의 쓰레기를 배출한다. 만약 이 쓰레기들을 아무데나 버린다면 극심한 환경오염을 초래할 것이다. 때문에 우리는 쓰레기를 분류해서 처리해야 한다. 우리는 쓰레기의 생산자이자 쓰레기의 피해자이기도 하다. 그러나 우리는 더 나아가 쓰레기공해를 정비하는 자이어야 한다. 우리는 쓰레기 분류를 통해 쓰레기 공해를 이겨낼 수 있다.

해설   1) 이 문제는 어떤 이야기가 아니라 설명문이기 때문에 들리는 단어를 하나하나 메모한 다음 주제를 파악한다.

단어 메모: 垃圾分类 → 三类 → 人类每天排除大量的垃圾 → 随意丢弃 → 造成环境污染 → 垃圾公害的治理者 → 战胜垃圾公害

주제: 垃圾要分类处理

2) 그 다음 메모한 내용을 보고 이야기를 하면 된다.
3) 문제가 잘 안 들릴 때는 상식적으로 접근해도 된다. 이 문제 같은 경우 쓰레기 분리수거의 필요성에 대해 이야기하고 있으므로 이와 관련된 내용을 알고 있는 상식대로 말하면 된다.

第 4 题: 朗读

4.

　　幸福是一种感觉，是灵魂的成就，而不是任何物质的东西，它不是奢侈品，它是人类精神的美好感觉。幸福生活的精髓，就是你在了解了幸福的真相之后，构建自己的幸福体系。假如谁跟你说，我有一个东西，你拥有了它，就像坐上了一条船，可以直接抵达幸福的彼岸，你千万不要相信。倘若真是那样的话，我们只要拼命制造这种东西，然后分发给大家，就可以轻而易举地获得幸福。每个人都要为自己的幸福负责，而不是由他人来决定我们的幸福，这一过程要我们自己去完成。

단어

灵魂 línghún 영혼 | 成就 chéngjiù 성과 | 任何 rènhé 어떠한, 어느 | 奢侈品 shēchǐpǐn 사치품 | 精髓 jīngsuǐ 정화, 정수 | 构建 gòujiàn 수립하다, 구축하다 | 抵达 dǐdá 도착〔도달〕하다 | 彼岸 bǐàn 이르고자 하는 경지 | 倘若 tǎngruò 만일 | 拼命 pīnmìng 죽을힘을 다하다 | 分发 fēnfā 나누어 주다 | 轻而易举 qīng'éryìjǔ 매우 수월하다

번역

　행복은 일종의 느낌이자 정신적인 성취감이며, 그 어떠한 물질적인 것도 아니고, 사치품도 아니며, 인류의 정신적인 아름다운 느낌입니다. 행복한 생활의 정수는 당신이 진정한 행복이 무엇인지를 알고 나서, 자기 스스로 행복체계를 구축하는 데 있습니다. 만일 누군가 당신에게 '내가 어떤 물건을 가지고 있는데 이것을 당신이 가지게 되면, 마치 행복의 해안으로 가는 직항 배를 탄 것과 같다'고 말한다면 절대 믿지 말아야 합니다. 만약 정말로 그럴 수 있다면, 우리는 오로지 그 물건을 열심히 만들어 사람들에게 나누어 줌으로써 매우 쉽게 행복을 얻을 수 있을 것입니다. 모든 사람들은 반드시 자신의 행복에 대해 책임을 져야 하는 것이지, 다른 사람이 우리의 행복을 책임 져주는 것은 아닙니다. 이러한 과정은 스스로 완성해야 하는 것입니다.

해설

1) 낭독할 때 발음이 정확하고 또렷해야 한다.
2) 중국어는 톤이 높기 때문에 입을 크게 벌리고 발음해야 한다.
3) 문장을 낭독할 때 자신 있게 큰 소리로 읽어야 한다. 그리고 처음부터 끝까지 같은 톤으로 낭독하지 말고 소리의 고저 · 기복 · 휴지 · 곡절을 잘 표현해야 한다.
4) 느리게 낭독하는 것보다 조금 빨리 낭독하는 것이 좋다.

第 5-6 题: 回答问题

5. 你觉得人们喜欢养宠物的原因是什么? **请谈谈你的看法。**

　　无聊的时候, 宠物可以成为我们心灵的寄托, 宠物的叫声和动作让我们感到除了我们以外, 还有另一个朋友在我们的身边陪伴着我们。其实养宠物, 并不是宠物单方面给你带来快乐, 更多的是来自你和宠物互相带来的快乐和关心。有些人养宠物, 也许开始只是一时的冲动或是当时随意的一个想法, 但你却要担负照顾宠物一生的任务。它小的时候, 你要全心全意地照顾它, 你还要陪它玩耍, 这样会增进你们之间的感情。当你感到无聊没事做的时候, 你一叫它, 它就会马上赶到你的身边陪你玩耍, 而且还会随时讨你欢心。总之, 养宠物不会使人感到孤独和寂寞, 并且还会使你的生活充满生机, 因此有很多人非常喜欢养宠物。

단어

宠物 chǒngwù 애완 동물 | 成为 chéngwéi …이 〔가〕 되다 | 心灵 xīnlíng 영혼, 마음 | 寄托 jìtuō 기탁하다, 의탁하다 | 叫 jiào ① (동물이) 울다, 짖다, 지저귀다 ② 부르다 | 陪伴 péibàn 동반하다 | 单方面 dānfāngmiàn 일면, 일방 | 冲动 chōngdòng 충동 | 随意 suíyì 내키는 대로 | 担负 dānfù 부담하다 | 任务 rènwu 임무 | 全心全意 quánxīnquányì 전심전력 | 玩耍 wánshuǎ 장난치다 | 增进 zēngjìn 증진시키다 | 随时 suíshí 수시로, 언제나 | 讨 tǎo 사다, …하게 되다 | 欢心 huānxīn 환심 | 总之 zǒngzhī 요컨대 | 充满 chōngmǎn 가득 차다 | 生机 shēngjī 활력, 생기

번역　　　당신은 사람들이 애완동물을 키우는 이유가 무엇이라고 생각하십니까? 당신의 견해를 말씀해 보세요.

　　심심할 때, 애완동물은 마음의 의지가 될 수 있습니다. 애완동물은 소리와 동작으로 우리들로 하여금 혼자가 아니라 내 곁에 또 다른 친구가 같이 있다는 것을 느끼게 해줍니다. 사실 애완동물을 키우는 것은 오로지 애완동물이 우리에게 일방적으로 즐거움을 주는 것이 아니라, 애완동물과 서로 즐거움과 관심을 주고받는 것입니다. 어떤 사람들은 애완동물 키우는 것을 단지 일시적인 충동 혹은 아무 생각 없이 시작했을 수도 있지만, 당신은 그 애완동물을 평생 보살펴야 하는 의무가 있습니다. 애완동물이 어릴 때는 온 정성을 다해 보살펴야 하며, 또 같이 놀아주기도 해야 애완동물과 정이 들 것입니다. 당신이 무료하고 심심할 때에 애완동물을 부르면, 그는 곧바로 당신의 곁으로 달려와 당신과 함께 놀아줄 것이고, 또한 당신의 환심을 사기 위해 노력할 것입니다. 요컨대, 애완동물을 키우는 것은 사람들에게 고독함과 외로움을 느끼지 않게 해줄 뿐만 아니라, 생활에 생기를 충만하게 해주므로, 많은 사람들이 애완동물 키우기를 좋아하는 것입니다.

해설　　　이 부분의 문제는 모두 대답하기 어려운 질문들이다. 따라서 제한된 시간 내에 이야기를 만들어내려면 평소에 TV나 라디오를 많이 보고 들으면 정보를 많이 얻을 수 있다. 그리고 본인의 견해를 서술할 때 대답하기 쉬운 쪽을 선택하는 것이 훨씬 유리하다.

6.　因特网给我们的生活带来了很大的方便，你同意吗?

　　随着科学技术的日益进步，因特网给我们的生活带来了很大的方便。网络已成为人们获取信息的主要工具，这条"信息高速公路"使我们坐在计算机旁，通过上网，就可以浏览网上的各种信息，下载喜欢的电影、音乐等等。我们不仅可以在网上发表自己的见解，还可以看到别人精彩的文章，还可以通过电子邮件服务，发送各种电子贺卡。人们还可以在网上建立银行、商店、学校、诊所等。有了网络，我们就可以"不出门，便知天下事"。可见，因特网已经给我们的生活带来了很大的方便。

단어

随着 suízhe …따라서 | 日益 rìyì 나날이, 날이 갈수록 | 网络 wǎngluò 네트워크 | 已 yǐ 이미 | 获取 huòqǔ 얻다 | 浏览 liúlǎn 검색(서핑)하다 | 下载 xiàzài 다운로드하다 | 见解 jiànjiě 견해 | 精彩 jīngcǎi 훌륭하다 | 发送 fāsòng 발송하다 | 贺卡 hèkǎ 축하 카드 | 建立 jiànlì 만들다 | 诊所 zhěnsuǒ 진료소 | 便 biàn 바로 | 天下 tiānxià 천하 | 可见 kějiàn …라는 것을 알 수 있다

번역   인터넷은 우리 생활에 많은 편의를 가져다주었습니다. 이 점에 동의
하십니까?

과학기술이 나날이 발전함에 따라 인터넷은 우리 생활에 많은 편
의를 가져다주었습니다. 네트워크는 이미 사람들이 정보를 얻는 주
요수단이 되었고, 이러한 "정보의 고속도로"는 우리들이 컴퓨터 앞
에 앉아서 인터넷을 통해 각종 정보를 열람할 수 있게 해주며, 좋아
하는 영화, 음악 등을 다운로드 받게 해줍니다. 우리들은 인터넷에
서 자신의 의견을 밝힐 수 있을 뿐만 아니라, 다른 사람의 멋진 글
을 볼 수 있으며, 또한 이메일 서비스를 통해 각종 전자카드를 발송
할 수 있습니다. 사람들은 또한 인터넷 상에서 은행, 상점, 학교, 병
원 등을 구축할 수 있습니다. 인터넷이 있음으로써 우리는 "집 밖으
로 나가지 않고도 세상일들을 알 수 있게" 되었습니다. 이처럼 인터
넷이 우리 생활에 많은 편의를 가져다주었다는 것을 알 수 있습니
다.

해설   어떤 일에 대한 본인의 견해를 서술할 때 대답하기 쉬운 쪽을 선택
하는 것이 훨씬 유리하다. 이 문제 같은 경우 인터넷이 우리의 생활
에 많은 변화와 편리함을 제공해 주었다는 관점에 동의한 다음 구
체적으로 어떤 변화와 편리함을 제공해 주었는지 하나하나 열거하
면 된다.

신HSK 회화 고급 공략
실전 모의고사
5회 정답 및 해설

第 1-3 题: 听后复述

1.

　　一位讲师拿起一杯水，问学生："这杯水只有二百克，你们可以将这杯水端在手中呆多久？"有人回答："二百克而已，拿多久都可以呀！"讲师接着说："拿一分钟，各位一定觉得没问题；拿一个小时，可能觉得手酸；拿一个星期呢？那可能得叫救护车了。"大家笑了。一杯水如同压力，随着社会的进步，人们也跟着越来越忙，接着，负担也越来越重。不妨在适当的时候放下负担，轻松一下，等调整好了状态再重新拿起。

단어

克 kè 그램 | 将 jiāng …을('把'처럼 목적어을 동사 앞에 전치시킬 때 쓰임) | 端 duān 반듯하게 들다 | 而已 éryǐ …뿐이다 | 接着 jiēzhe 이어서 | 酸 suān (과로·몸살로) 몸이 시큰시큰하다 | 救护车 jiùhùchē 구급차 | 如同 rútóng 마치 …와〔과〕같다 | 不妨 bùfáng (…하는 것도) 괜찮다 | 调整 tiáozhěng 조정하다 | 重新 chóngxīn 다시, 재차

번역   한 강사가 물 한 컵을 손에 들고 학생들에게 "이 컵의 물은 200그램밖에 안 되는데 너희들이 이 컵의 물을 손에 얼마동안 들고 있을 수 있을까?" 라고 묻자, 한 학생이 "고작 200그램인데 얼마든지 들고 있을 수 있습니다." 라고 대답하였다. 강사가 이어서 "1분간 들고 있으면 너희들이 모두 문제없다고 생각할 것이다. 한 시간을 들고 있으면 손이 시큰시큰할 것이고 일주일을 들고 있으면 어떨까? 그럼 아마 구급차를 불러야 할 것이다." 라고 말했다. 모두들 웃었다. 한 컵의 물은 마치 스트레스와 같다. 사회의 발전에 따라 사람들은 더욱더 바빠졌으며 부담도 점점 커지고 있다. 적당한 시기에 부담을 내려놓고 좀 쉬었다가 컨디션을 조정한 다음 다시 드는 것도 나쁘지 않다.

해설   1) 녹음을 들을 때 등장인물, 장소, 상황 등을 간단하게 속기한다.
     인물: 讲师, 学生
     장소: 教室
     상황: 讲师问学生200克重的水端在手里能呆多久
     마무리: 一杯水如同压力, 适当的时候要放下负担, 轻松一下
   2) 그 다음 메모한 내용을 보고 이야기를 하면 되는데 잘 안 들리는 부분은 적당이 추리해서 말해도 된다.
   3) 메모할 때 한자로 적으면 시간이 걸리니 중국어 발음을 병음 혹은 한글로 표기하는 것이 효율적이다.

第 1-3 题: 听后复述

2.

　　调皮的孩子用小斧头砍倒了他父亲的一颗樱桃树。父亲见心爱的树被砍，非常生气，说一定要严厉惩罚砍倒樱桃树的人。面对生气的父亲，孩子勇敢地承认了自己的错误。父亲没有惩罚孩子，语重心长地说道："孩子，诚实比樱桃树要宝贵得多"。

단어

调皮 tiáopí 장난이 심하다 | 斧头 fǔtou 도끼 | 砍 kǎn (도끼 등으로) 찍다, 패다 | 樱桃 yīngtáo 앵두 | 树 shù 나무 | 见 jiàn 보다 | 心爱 xīn'ài 애지중지하다 | 严厉 yánlì 호되다, 매섭다 | 惩罚 chéngfá 징벌(하다) | 面对 miànduì 마주 보다, 직면하다 | 承认 chéngrèn 인정하다 | 语重心长 yǔzhòngxīncháng 말이 간곡하고 의미심장하다 | 道 dào 말하다 | 宝贵 bǎoguì 소중히 여기다

번역　　　장난이 심한 아이가 아빠의 앵두나무를 도끼로 찍어 넘어뜨렸다. 자신이 애지중지하는 나무가 찍혀 넘어진 것을 본 아빠는 몹시 화를 내며 반드시 앵두나무를 넘어뜨린 사람을 엄벌할 것이라고 말씀하셨다. 화가 난 아빠를 보면서 아이는 용감하게 자신의 잘못을 인정하자 아빠는 아이에게 벌을 주지 않고 의미심장하게 "얘야, 성실함은 앵두나무보다 훨씬 소중하단다." 라고 말씀하셨다.

해설　　　1) 녹음을 들을 때 등장인물, 장소, 상황 등을 간단하게 속기한다.
　　　　　　　인물: 调皮的孩子, 他父亲
　　　　　　　장소: 他家
　　　　　　　상황: 孩子把父亲心爱的樱桃树给砍了
　　　　　　　마무리: 诚实比樱桃树要宝贵得多
　　　　　2) 그 다음 메모한 내용을 보고 이야기를 하면 된다.
　　　　　3) 녹음에서 사용했던 단어를 사용하려고 애쓰면 시간을 낭비할 뿐만 아니라 잘못 된 문장을 만들 수도 있으니 자신의 말로 바꾸어 쉬운 문장을 만들어 말하는 것이 유리하다.

第 1-3 题: 听后复述

3.

　　春游，是一种传统的文体活动。春天空气清新，阳光舒适，能使人心胸开阔，精神振奋。春游的目的是为了放松，多以聚会的形式出现，边赏景边聊天儿，从而让人的紧张和焦虑得以释放，心灵得以修复。如今春游的人群不再只是青年人，少年和老年人也加入进来，体验春游带给我们的快乐。

단어

春游 chūnyóu 봄나들이하다 | 传统 chuántǒng 전통적이다 | 文体 wéntǐ 레크리에이션과 체육 | 清新 qīngxīn 맑고 산뜻하다 | 舒适 shūshì 쾌적하다 | 心胸 xīnxiōng 마음 | 开阔 kāikuò (생각이나 마음이) 탁 트이다, 유쾌하다 | 振奋 zhènfèn 분기하다, 분발하다 | 以 yǐ …(으)로(써) | 聚会 jùhuì 모임 | 赏景 shǎngjǐng 풍경을 감상하다 | 焦虑 jiāolǜ 근심스러운 마음 | 得以 déyǐ (기회를 빌어서) …할 수 있다 | 释放 shìfàng 방출하다 | 心灵 xīnlíng 영혼, 마음 | 修复 xiūfù 원상 복구하다 | 如今 rújīn 오늘날 | 人群 rénqún 군중, 무리

번역   봄나들이는 일종의 전통적인 문화 활동이다. 봄날의 공기는 맑고 산뜻하며 햇빛은 쾌적하여 사람의 마음을 즐겁게 하며 정신을 진작시킨다. 봄나들이의 목적은 긴장을 푸는 것에 있으며, 모임의 형식으로 가는 경우가 많으며, 경치를 감상하면서 한담을 함으로써 사람들의 긴장과 조바심을 풀게하고 마음의 평안을 얻을 수 있게 한다. 오늘날 봄나들이 하는 사람들은 더 이상 젊은이뿐 아니라 청소년과 노인들도 봄나들이가 가져오는 즐거움을 제험하고 있나.

해설   1) 이 문제는 어떤 이야기가 아니라 설명문이기 때문에 들리는 단어를 하나하나 메모한 다음 주제를 파악한다.

　　　단어 메모: 春游 → 春天空气清新 → 使人心胸开阔 → 春游的目的 → 紧张和
　　　　　　　　　焦虑得以释放 → 春游的人 → 青年人 → 少年和老年人

　　　주제: 介绍春游

　　　2) 그 다음 메모한 내용을 보고 이야기를 하면 된다.
　　　3) 메모할 때 한자로 적으면 시간이 걸리니 중국어 발음을 병음 혹은 한글로 표기하는 것이 효율적이다.

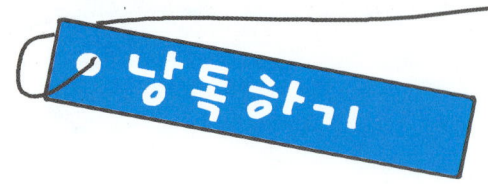

第 4 题: 朗读

4.

　　生活就是这个样子，得不到的永远都是最好的，偏偏你永远不可能如愿。其实真正主导我们思想的是对待生活的态度，只有拥有欣赏生活、享受生活的心态，才能够发现生活美好的一面。任何一种生活的状态都是有着两面性的，重要的是你眼睛里看到的是它的哪一面。一个喜欢抱怨和挑剔的人，永远都不会幸福，因为世界上没有真正的完美。如果你不能改变你的环境，那就尝试着去适应它。勇敢地面对生活中的困难，即使失败至少你尝试过，不会因为放弃而后悔和懊恼。所以，只要我们有一种积极的心态，和一种发现生活美好面的能力，无论我们生活在哪一种环境之中，我们的生活都是美好的和充满乐趣的。

단어

偏偏 piānpiān 공교롭게, 뜻밖에 [공교롭게도 기대에 어긋날 경우에 쓰임] | 如愿 rúyuàn 원하는 대로 되다 | 主导 zhǔdǎo 주도 | 对待 duìdài 대하다 | 欣赏 xīnshǎng 감상하다 | 心态 xīntài 심리 상태 | 一面 yímiàn 한 방면, 한 측면 | 任何 rènhé 어떠한 | 两面性 liǎngmiànxìng 양면성, 이중성 | 抱怨 bàoyuàn 원망하다 | 挑剔 tiāoti 지나치게 트집 잡다 | 完美 wánměi 완전무결하다 | 尝试 chángshì 시도해 보다 | 即使 jíshǐ 설령 …하더라도 | 懊恼 àonǎo (마음이) 괴롭다, 언짢다 | 充满 chōngmǎn 가득 차다 | 乐趣 lèqù 즐거움

번역

　　삶이란 바로 이런 것입니다. 얻을 수 없는 것이 영원토록 가장 좋은 것이라고 느껴지지만, 그러나 당신은 그 소원을 영원히 이루지 못할 것입니다. 사실 진정으로 우리의 생각을 주도하는 것은 생활에 대한 태도입니다. 삶을 즐기고, 향유하는 마음을 지녀야만 삶의 아름다운 면을 발견할 수 있습니다. 그 어떤 삶이라도 양면성이 있는데, 중요한 것은 당신이 바라보는 것이 삶의 어느 면이냐 하는 것입니다. 원망과 책망을 하기 좋아하는 사람은 영원히 행복해질 수가 없습니다. 왜냐하면 세상에는 진정한 완벽이란 없기 때문입니다. 만약 당신이 당신의 환경을 변화시킬 수 없다면, 그 환경에 적응할 수 있도록 노력해야 합니다. 삶의 어려움에 용감히 맞서면, 실패한다 하더라도 최소한 당신은 시도는 해봤기 때문에, 포기로 인한 후회나 괴로움은 없을 것입니다. 그래서 적극적인 마음과 삶의 아름다운 면을 발견할 수 있는 능력을 지니고 있기만 하다면, 우리가 어떤 환경에서 생활하더라도 우리의 생활은 아름답고 즐거움이 가득할 것입니다.

해설

1) 낭독할 때 발음이 정확하고 또렷해야 한다.
2) 중국어는 톤이 높기 때문에 입을 크게 벌리고 발음해야 한다.
3) 문장을 낭독할 때 자신 있게 큰 소리로 읽어야 한다. 그리고 처음부터 끝까지 같은 톤으로 낭독하지 말고 소리의 고저 · 기복 · 휴지 · 곡절을 잘 표현해야 한다.
4) 느리게 낭독하는 것보다 조금 빨리 낭독하는 것이 좋다.

第 5-6 题: 回答问题

5. 你对门当户对有什么看法?

　　我觉得就是要门当户对，而且非常重要。结婚前两个人甜甜蜜蜜，当然可以冲破一切阻力，不在乎门当户对；但等到静下心来过起平平淡淡的日子时，才会发现有那么多价值观念不一样的地方，有时候这些价值取向就是无法达成共识，最终给生活带来不便。我说的门当户对不是指金钱或物质上的，是思想和生活模式必须基本类似。生活环境和文化程度差距太大的人，可能在一起时，开始很有新鲜感，觉得身份地位没有什么关系，可是真的要长年累月在一起生活，每日相对，在生活的细节上肯定会有分歧，并且家庭和朋友圈子不同，很容易导致各种矛盾，所以双方彼此有共同的价值观，才能更好地生活在一起。

단어

门当户对 méndānghùduì 남녀 두 집안이 엇비슷하다 | 冲破 chōngpò 타파하다 | 阻力 zǔlì 저항 | 不在乎 búzàihu 마음에 두지 않다 | 静下心来 jìngxiàxīnlái 마음이 가라앉다 | 价值 jiàzhí 가치 | 观念 guānniàn 관념 | 取向 qǔxiàng 방향, 추세 | 达成 dáchéng 달성하다 | 共识 gòngshí 공통된 인식, 인식의 일치 | 最终 zuìzhōng 최후, 최종 | 不便 búbiàn 불편하다 | 指 zhǐ 가리키다 | 模式 móshì 양식, 패턴 | 类似 lèisì 비슷하다 | 差距 chājù 격차, 차이 | 地位 dìwèi 지위 | 长年累月 chángniánlěiyuè 오랜 세월 | 相对 xiāngduì 마주하다, 상대하다 | 细节 xìjié 사소한 부분 | 分歧 fēnqí 불일치하다 | 圈子 quānzi 범위, 테두리 | 彼此 bǐcǐ 피차

번역　　　당신은 양가수준이 비슷한 결혼에 대해 어떻게 생각하십니까?

　　저는 양가수준이 비슷한 사람끼리 결혼해야 한다고 생각할 뿐만 아니라 그것이 아주 중요하다고 생각합니다. 결혼 전에는 두 사람의 달콤한 사랑으로 모든 반대를 당연히 이겨낼 수 있을 것이고, 양가수준이 비슷한 지 여부에 대해서는 신경도 쓰지 않을 것입니다. 그러나 들뜬 마음이 가라앉고, 평범한 일상으로 돌아오면 여러 면에서 가치관이 다르다는 것을 비로소 느낄 수 있게 되며, 때론 이러한 가치관은 도저히 공감할 수 없는 인식으로 인해 결국 생활에 많은 불편을 가져오게 합니다. 제가 이야기하는 비슷한 양가수준의 결혼이라는 것은 금전적 혹은 물질적인 것을 말하는 것은 아니며, 이념 및 생각과 생활방식이 기본적으로 비슷해야 한다는 것입니다. 생활환경과 학벌의 차이가 너무 큰 사람이 함께 살면 처음에는 신선하게 느껴지고, 신분이나 지위는 아무런 상관이 없다고 생각하겠지만, 오랜 세월을 함께 생활하며 매일 마주보게 되면, 생활의 세세한 부분에서 분명히 서로 다른 의견이 있을 것이며, 또한 가정과 친구의 범위가 서로 달라 각종 모순을 유발하기 쉽습니다. 그러므로 쌍방이 공통적인 가치관을 가지고 있어야만 더 나은 생활을 함께 할 수 있을 것입니다.

해설　　　이 부분의 문제 같은 경우, 제한시간은 2.5분이고, 최소한 12문장 이상 말해야 한다. 물론 2.5분을 채우면 좋겠지만, 만약 대답할 때 틀린 문장이 많으면 안 하기보다 못하니 자신 있는 문장을 간략하게 말하는 것이 점수를 높일 수 있는 방법 중의 하나라고 할 수 있다.

6. 你觉得工作和家庭哪个更重要？为什么？

　　我认为事业是最重要的，没有事业的人生是空白的，而没有家庭的人生只是遗憾的。顾家是当然的，但是，应以事业为重，事业就是温馨家庭的基础和保障。没有良好的事业基础，就没有家庭所必需的物质基础。没有良好的事业心，就没有高贵的责任心。事业有成，必然物质丰富，如此就能促进生活质量的提高，生活质量提高了，也就会促进家庭和睦。同时我也认为，家庭和事业几乎是同等重要的，地位也应是平等的，是相辅相成的。事业是基础，家庭是港湾，事业，是人们追求物质的基础，家庭，是人们疲惫时休憩的港湾。只有事业，不能算是真正的成功者，因为无人与你分享，只有家庭而没有事业，也不能算是真正的幸福，因为缺乏个人价值。

단어

空白 kòngbái 공백 ∣ 顾家 gùjiā 가정을 보살피다 ∣ 以…为重 yǐ…wéizhòng …을 중요시하다 ∣ 温馨 wēnxīn 아늑하다 ∣ 保障 bǎozhàng 보장 ∣ 基础 jīchǔ 기초, 근본 ∣ 必需 bìxū 반드시 있어야 하다, 없어서는 안 되다 ∣ 高贵 gāoguì 고귀하다 ∣ 责任心 zérènxīn 책임감 ∣ 事业有成 shìyèyǒuchéng 사업이 성공하다 ∣ 如此 rúcǐ 이러하다 ∣ 和睦 hémù 화목하다 ∣ 相辅相成 xiāngfǔxiāngchéng 서로 보완하고 도와서 일을 완성하다 ∣ 港湾 gǎngwān 항만 ∣ 疲惫 píbèi 대단히 피곤 〔피로〕 하다 ∣ 休憩 xiūqì 휴식하다 ∣ 算 suàn 간주하다 ∣ 缺乏 quēfá 결핍되다, 결여되다

번역   당신은 일과 가정 중 어느 것이 더 중요하다고 생각하십니까? 그 이유는?

저는 일이 가장 중요하다고 생각합니다. 일을 가지지 못한 인생은 아무것도 가지지 못한 것이며, 가정을 가지지 못한 인생은 다만 안타까울 뿐입니다. 가정을 돌보는 것은 당연한 것입니다. 그러나 일을 가장 중요하게 생각해야 합니다. 일이라는 것은 따뜻한 가정의 기초와 보장이 되는 것입니다. 든든한 직업이라는 기반이 없다면, 가정에 없어서는 안 될 물질적인 기반이 없는 것입니다. 열심히 일을 하려는 마음이 없다면, 고귀한 책임감도 없는 것입니다. 사업이 성공하면, 물질적으로도 당연히 풍부해지겠지요. 이렇게 하여 삶의 질을 향상시킬 수 있고, 삶의 질이 향상되면 가정의 화목도 촉진시킬 수 있습니다. 또한 가정과 일은 거의 똑같이 중요하고, 그 지위 역시 평등하며, 상호보완적인 것이라고 생각합니다. 일은 기반이고 가정은 쉴 수 있는 항구인 것입니다. 일은 사람들이 물질적인 것을 추구하는 기초이고, 가정은 사람들이 피곤할 때 휴식할 수 있는 안식처입니다. 일만 성공한다고 해서 진정한 성공은 아닐 것입니다. 왜냐하면, 당신과 함께 나눌 수 있는 사람이 없기 때문입니다. 가정만 있고 일이 없는 것도 진정한 행복이라 할 수 없습니다. 왜냐하면 개인의 가치가 결여되기 때문입니다.

해설   어떤 일에 대한 본인의 견해를 서술할 때 대답하기 쉬운 쪽을 선택하는 것이 훨씬 유리하다. 이 문제 같은 경우 일이 가정보다 더 중요하다는 관점에 동의한 다음 그 이유에 대해 설명하면 된다.

신HSK 회화 고급 공략
실전 모의고사
6회 정답 및 해설

第 1-3 题: 听后复述

1.

　　一只小青蛙厌倦了常年生活的小水沟儿，它每天都不停地蹦，想要逃离这个地方。而它的同伴总是说："现在不是还饿不死吗？你着什么急？"终于有一天，小青蛙跳进了旁边的一个大河塘，他呼唤自己的伙伴，但是它的同伴又说："我们在这里已经习惯了，懒得动了！"不久，水沟儿里的水干了，小青蛙的同伴活活饿死了。只有敢于打破自己固有的圈子，才可能改变自己的命运，才可能拥有更加广阔的发展空间。

단어

青蛙 qīngwā 청개구리｜厌倦 yànjuàn 싫증나다｜水沟儿 shuǐgōur 도랑｜不停 bùtíng 계속해서｜蹦 bèng 펄쩍〔팔짝〕뛰다｜逃离 táolí 달아나다｜同伴 tóngbàn 벗, 짝｜饿不死 èbusǐ 굶어 죽지 않는다｜终于 zhōngyú 결국, 끝내｜河塘 hétáng 저수지, 연못｜呼唤 hūhuàn 부르다｜伙伴 huǒbàn 친구, 동반자｜懒得 lǎnde (어떤 일을) 하기 싫어하다, 귀찮아하다｜动 dòng 움직이다｜活活 huóhuó 생으로, 산 채로｜只有 zhǐyǒu …해야만 …이다｜敢于 gǎnyú 대담하게 …을〔를〕하다｜打破 dǎpò 타파하다, 깨다｜固有 gùyǒu 고유의｜圈子 quānzi 범위, 테두리｜广阔 guǎngkuò 넓다, 광활하다

번역   청개구리 한 마리가 도랑에서 오랫동안 사는 것이 싫증이 나서 매일 펄쩍펄쩍 뛰며 그 곳을 벗어나려고 하였다. 그러나 청개구리의 짝은 늘 "지금 굶어죽는 것은 아니잖아? 뭐가 그렇게 급하니?" 라고 말했다. 드디어 어느 날 청개구리는 옆에 있는 큰 연못으로 뛰어 넘어갔다. 청개구리는 친구들을 불렀지만 친구들은 "우린 여기에 있는 것이 익숙해서 움직이기 싫거든." 라고 말했다. 얼마 되지 않아 도랑물이 말라 어린 청개구리들은 모두 산 채로 굶어죽었다. 대담하게 자신의 고유 범위를 타파할 수 있는 자만이 자신의 운명을 바꿀 수 있으며 더욱 광활한 발전의 공간을 얻을 수 있다.

해설   1) 녹음을 들을 때 등장인물, 장소, 상황 등을 간단하게 속기한다.
       인물: 小青蛙, 小青蛙的同伴
       장소: 水沟儿
       상황: 小青蛙逃离水沟儿来到了大河塘
       마무리: 要敢于打破自己固有的圈子
    2) 그 다음 메모한 내용을 보고 이야기를 하면 되는데 잘 안 들리는 부분은 적당이 추리해서 말해도 된다.
    3) 메모할 때 한자로 적으면 시간이 걸리니 중국어 발음을 병음 혹은 한글로 표기하는 것이 효율적이다.

第 1-3 题: 听后复述

2.

　　一位母亲给她的孩子每人一个花瓶，让他们每天都要把花瓶擦得干干净净。结果一天两天过去了，母亲都没有来到孩子们的房间检查花瓶，因此孩子们已不再擦拭花瓶。有一天，母亲突然来到孩子们的房间，发现每个人的花瓶都蒙着厚厚的灰尘，只有一个大家都叫他笨小孩儿的孩子，并没有因为母亲平时没来，就不擦花瓶，他每天都把花瓶擦得锃亮锃亮，结果这个笨小孩儿得到了母亲的称赞。

단어

花瓶 huāpíng 꽃병 | 不再 búzài 다시 …하지 않다 | 擦拭 cāshì 닦다 | 蒙 méng 덮어 쓰다 | 灰尘 huīchén 먼지 | 笨 bèn 멍청하다, 미련하다 | 锃亮 zèngliàng 반질반질 광이 나다

번역　　　한 어머니가 자신의 아이들에게 꽃병을 하나씩 주며 매일 꽃병을 깨끗하게 닦으라고 하였다. 하루 이틀이 지났지만 어머니가 아이들의 방에 와서 꽃병을 검사하지 않자 아이들은 꽃병을 더 이상 닦지 않았다. 하루는 어머니가 갑자기 아이들의 방에 들어와서 꽃병에 두꺼운 먼지 가 쌓여 있는 것을 발견하였다. 그런데 멍청한 아이라고 불리는 한 아이만이 어머니가 평소에 오지 않아도 꽃병 닦는 일을 중지하지 않고 매일매일 꽃병을 빈질빈질하게 닦아놓있다. 결국 이 멍정한 아이가 어머니에게 징찬을 받았다.

해설　　1) 녹음을 들을 때 등장인물, 장소, 상황 등을 간단하게 속기한다.

　　　　　인물: 一位母亲，她的孩子们

　　　　　장소: 他们家

　　　　　상황: 母亲要求孩子们每天都要把花瓶擦干净

　　　　　마무리: 笨小孩儿得到了母亲的称赞

　　　　2) 그 다음 메모한 내용을 보고 이야기를 하면 된다.

　　　　3) 녹음에서 사용했던 단어를 사용하려고 애쓰면 시간을 낭비할 뿐만 아니라 잘못 된 문장을 만들 수도 있으니 자신의 말로 바꾸어 쉬운 문장을 만들어 말하는 것이 유리하다.

第 1-3 题: 听后复述

3.

　　秋天的夜晚，最容易入睡，但是清晨醒后仍会感到疲乏，还想继续睡下去，这就是人们所说的秋乏。秋乏可以说是对盛夏季节带给人体超常消耗的一种保护性反应，是生理和生活所需要的，是一种正常的生理现象。经过一段时间的调整，秋乏现象会自然而然地消除，平时注意休息，多吃水果，补充营养，有利于更好地消除秋乏。

단어

清晨 qīngchén 이른 아침 | 仍 réng 여전히 | 疲乏 pífá 피곤 〔피로·노곤〕하다 | 秋乏 qiūfá 가을이 되면 느껴지는 피로를 가리킴 | 盛夏 shèngxià 한여름 | 超常 chāocháng 보통을 뛰어넘다 | 消耗 xiāohào 소모하다 | 补偿 bǔcháng 보상하다 | 调整 tiáozhěng 조정하다 | 自然而然 zìrán'érrán 저절로 | 消除 xiāochú 해소하다 | 有利于 yǒulìyú …에 유리 〔유익〕하다

번역   가을의 밤은 가장 잠들기 쉬운 계절이다. 그러나 새벽에 깨어난 후에도 여전히 피곤함을 느끼게 되고 계속 자고 싶어진다. 이것이 바로 사람들이 흔히 말하는 가을의 피곤함이다. 가을의 피곤함은 한여름이 인체에 가져다 준 보통을 뛰어넘은 소모에 대한 일종의 보호성 반응이라 할 수 있으며, 생리와 생활하는데 필요한 것이며, 일종의 정상적인 생리현상이다. 얼마 동안의 조절을 통해 가을에 피곤해지는 현상은 자연스럽게 해소가 된다. 평소에 휴식을 잘하고 과일을 많이 먹으며, 영양을 보충하면 가을의 피곤함을 해소하는데 아주 유익하다.

해설   1) 이 문제는 어떤 이야기가 아니라 설명문이기 때문에 들리는 단어를 하나하나 메모한 다음 주제를 파악한다.
　　　단어 메모: 秋天的夜晚 → 容易入睡 → 醒后仍会感到疲乏 → 秋乏 → 正常
　　　　　　　　的生理现象 → 注意休息 → 多吃水果 → 补充营养 → 有利于
　　　　　　　　消除秋乏
　　　주제: 介绍秋乏
　　2) 그 다음 메모한 내용을 보고 이야기를 하면 된다.
　　3) 메모할 때 한자로 적으면 시간이 걸리니 중국어 발음을 병음 혹은 한글로 표기하는 것이 효율적이다.

第 4 题: 朗读

4.

　　人们要学会面对现实和努力奋斗。人都是自私的，不要妄想着会有不劳而获的事，天上也不会有无端掉馅儿饼的好事。人们对你的帮助只是一时的，人生靠的是自己，现实唯有去面对。辉煌的人生都是用自己的汗水换来的，是凭自己的双手打造的，要相信自己，只有自己才会真正明白自己应该舍弃什么追求什么。偶尔的磨难只会让我们更加坚强，在困难面前不低头，总会有解决的办法。虽然我们无法改变现实，但我们可以通过改变自己来适应它，回想以往，我们有时会后悔，但我们要让以后的人生不再有后悔。付出的努力总会有收获的，只是迟早的问题。

단어

面对 miànduì 직면하다 | 奋斗 fèndòu 분투하다 | 自私 zìsī 이기적이다 | 妄想 wàngxiǎng 망상하다, 공상하다 | 不劳而获 bùláo'érhuò 스스로 일하지 않고 남의 성과를 점유하다 | 无端 wúduān 이유 없이 | 馅儿饼 xiànrbǐng 고기나 야채 소를 넣은 중국식 호떡 | 靠 kào 의지하다 | 唯有 wéiyǒu 다만 | 辉煌 huīhuáng 휘황찬란하다, 눈부시다 | 汗水 hànshuǐ 땀 | 凭 píng …에 근거하여 | 打造 dǎzào 만들어 내다 | 舍弃 shěqì 포기하다, 버리다 | 偶尔 ǒu'ěr 간혹, 이따금 | 磨难 mónàn 어려움, 시련 | 坚强 jiānqiáng 군세다, 군고 강하다 | 低头 dītóu 굴복하다 | 回想 huíxiǎng 회상하다 | 以往 yǐwǎng 이전, 과거 | 付出 fùchū 들이다, 바치다 | 迟早 chízǎo 조만간

번역   사람들은 현실을 마주하고, 열심히 노력하는 것을 배워야 합니다. 사람은 모두 이기적입니다. 노력 없는 대가는 바라지 말아야 하며, 하늘에서 아무런 이유 없이 떡이 떨어지는 좋은 일은 생기지 않습니다. 남들이 당신에게 주는 도움은 일시적인 것이며, 인생은 자기 자신에게 의지해야 하고, 현실은 마주할 수밖에 없습니다. 찬란한 인생은 모두 스스로의 땀과 바꾸고, 자신의 두 손으로 일군 것입니다. 자기 자신을 믿으세요. 무엇을 버려야 하고 무엇을 추구해야 하는 지 가장 잘 아는 것은 스스로일 뿐입니다. 가끔씩 찾아오는 어려움은 우리로 하여금 스스로를 더욱더 강하게 해주며, 어려움 앞에 고개를 숙이지만 않으면 어떻게 해서든 해결의 방법은 분명히 있을 것입니다. 현실을 바꿀 수 없다면, 스스로를 바꾸어서 상황에 적응해야 할 것입니다. 오래 전을 되돌아보면서 우리들은 때때로 후회를 합니다. 그러나 앞으로의 인생은 더 이상의 후회가 없도록 해야 할 것이고, 노력의 결실은 분명히 있으며, 이는 단지 시간의 문제일 뿐입니다.

해설

1) 낭독할 때 발음이 정확하고 또렷해야 한다.

2) 중국어는 톤이 높기 때문에 입을 크게 벌리고 발음해야 한다.

3) 문장을 낭독할 때 자신 있게 큰 소리로 읽어야 한다. 그리고 처음 부터 끝까지 같은 톤으로 낭독하지 말고 소리의 고저·기복·휴지·곡절을 잘 표현해야 한다.

4) 느리게 낭독하는 것보다 조금 빨리 낭독하는 것이 좋다.

第 5-6 题: 回答问题

5. 请谈谈你对宗教的看法。

　　我对宗教并不持否定的态度，我一直是将其作为一种哲学，以学习的态度看待，宗教大多都是有一定思想指导意义的，而后人为了宣传或者说便于统治和管理，会不断添加一些神话因素。宗教对某些人来说是一种信仰，是他们做事的准则，他们会从宗教中学会为人处事的办法，如果失去宗教，他们会觉得人生是迷茫的，宗教很多时候是一种心灵的寄托。我个人认为，宗教信仰是个人自由，只要有利于自己好好地生活，不危害他人和社会的稳定就可以。在一定程度上，宗教的许多教义是有利于约束个人行为，维护社会安定的。

단어

宗教 zōngjiào 종교 | 持 chí (어떤 생각을·견해를) 품다 〔가지다·지니다〕 | 将 jiāng …을 ('把'처럼 목적어를 동사 앞에 전치시킬 때 쓰임) | 作为 zuòwéi …로 여기다 〔간주하다〕 | 哲学 zhéxué 철학 | 看待 kàndài 다루다, 취급하다 | 一定 yídìng 어느 정도의 | 指导 zhǐdǎo 지도하다 | 宣传 xuānchuán 선전하다, 홍보하다 | 便于 biànyú (…하기에) 쉽다 | 统治 tǒngzhì 통치 | 不断 búduàn 계속해서 | 添加 tiānjiā 보태다, 첨가하다 | 因素 yīnsù 요소 | 信仰 xìnyǎng 신앙 | 准则 zhǔnzé 준칙, 규범 | 为人 wéirén (사람의) 됨됨이 | 处事 chǔshì 일을 처리하다 | 迷茫 mímáng 망망하다, 아득하다, 요연하다 | 心灵 xīnlíng 영혼, 마음 | 寄托 jìtuō 기탁하다, 의탁하다 | 有利于 yǒulìyú …에 유리 〔유익〕하다 | 危害 wēihài 해를 끼치다 | 稳定 wěndìng 안정되다 | 教义 jiàoyì 교의, 교조, 교리 | 约束 yuēshù 단속하다, 규제하다 | 行为 xíngwéi 행위 | 维护 wéihù 지키다 | 安定 āndìng 안정시키다

번역

종교에 대한 당신의 생각을 말해보세요.

저는 종교에 대해 부정적인 태도를 가지고 있지는 않습니다. 저는 줄곧 종교에 대해 일종의 철학이라는 생각을 가지고 공부하는 태도로 대해 왔습니다. 종교는 대부분 사람들의 사상을 지도하는 경향이 어느 정도 있습니다. 그러나 후세의 사람들은 홍보 혹은 용이한 통치와 관리의 목적으로 끊임없이 신화적인 요소를 추가합니다. 종교는 어떤 사람들에게는 일종의 신앙이고, 일을 행할 때의 기준이며, 그들은 종교로부터 사람의 됨됨이를 배우게 됩니다. 만약 종교를 잃는다면, 그들은 인생이 아득하다고 느끼게 될 것입니다. 종교는 많은 때에 사람들에게 마음의 의지가 됩니다. 제 개인적인 생각은 종교 신앙은 개인의 자유이며, 각자가 열심히 사는데 도움이 되고 타인과 사회의 안정에 해만 끼치지 않으면 될 것이라고 생각합니다. 종교의 많은 교리들은 개인의 행위를 일정 부분 구속하고, 사회의 안정을 유지하는 데에 유리합니다.

해설

이 부분의 문제 같은 경우, 제한시간은 2.5분이고, 최소한 12문장 이상 말해야 한다. 물론 2.5분을 채우면 좋겠지만, 만약 대답할 때 틀린 문장이 많으면 안 하기보다 못하니 자신 있는 문장을 간략하게 말하는 것이 점수를 높일 수 있는 방법 중의 하나라고 할 수 있다.

6. 你觉得对一个孩子来说，应该整天在教室里学习，还是应该接触大自然，请谈谈你的看法。

　　当今的孩子，书本知识不能说不丰厚，但是动手能力、实践能力、认识自然、分析社会的能力却低得可怜。原因就是孩子总是在教室或者家里学习课本上的东西，很少接触外面的世界。我认为家长应该给孩子制定一个"读大自然"的计划，走出家门，这样可以使孩子们学到在课本上学不到的知识，而且还能领略大自然的美。在孩子们感受美的同时，还可以发现美、创造美、激发求知欲，培养孩子们健全的人格、意志、毅力、耐力等等，大自然是任何"现代化"也无法代替的。投入大自然的怀抱，孩子会感到其乐无穷。

단어

书本知识 shūběnzhīshi 책에서 배운 지식 | 丰厚 fēnghòu 풍성하다 | 动手 dòngshǒu 손으로 …을 하다 | 实践 shíjiàn 실천하다 | 低 dī 낮다, 뒤떨어지다 | 可怜 kělián 가련할 정도이다 | 课本 kèběn 교과서 | 接触 jiēchù 접촉하다 | 制定计划 zhìdìngjìhuà 계획을 정하다 | 走出 zǒuchū 나가다 | 领略 lǐnglüè 느끼다 | 感受 gǎnshòu 감수하다, 느끼다 | 激发 jīfā 불러일으키다 | 求知欲 qiúzhīyù 알려는 욕망 | 健全 jiànquán 건강하고 온전하다 | 人格 réngé 인격 | 毅力 yìlì 굳센 의지 | 耐力 nàilì 지구력 | 任何 rènhé 어떠한 | 代替 dàitì 대체하다 | 投入 tóurù 뛰어들다, 들어가다 | 怀抱 huáibào 품 | 其乐无穷 qílèwúqióng 즐거움이 무궁무진하다

번역
아이가 매일 교실에서 공부를 해야 하는지, 아니면 자연을 접해야 하는 지에 대해 당신의 생각을 말씀해 보세요.

　요즘 아이들은 책에서 배우는 지식은 매우 풍부하나 실제 손으로 직접 만드는 능력, 실천능력, 자연에 대해 알아가고 사회를 분석하는 능력이 안타까울 정도로 부족합니다. 그 원인은 바로 아이들이 항상 교실 혹은 집에서 교과서의 내용만을 공부하고, 바깥세상을 접하는 기회가 내우 직기 때문입니다. 저는 학부모는 자녀들에 "내 자연 알기"의 계획을 만들어 집 밖으로 나가야 한다고 생각합니다. 그럼으로써 아이들이 교과서에서 배울 수 없는 지식을 배울 수 있고 자연의 아름다움을 느낄 수도 있습니다. 아이들은 아름다움을 느끼는 동시에 아름다움을 발견하고, 아름다움을 창조하며, 지식에 대한 욕구를 자극하여, 건전한 인격, 의지, 강인함과 지구력 등을 양성할 수 있습니다. 대자연은 그 어떤 "현대화"로도 대신할 수 없는 것입니다. 자연의 품속에서 아이들은 무궁한 즐거움을 느끼게 될 것입니다.

해설
어떤 일에 대한 본인의 견해를 서술할 때 대답하기 쉬운 쪽을 선택하는 것이 훨씬 유리하다. 이 문제 같은 경우 아이들이 매일 교실에서 공부하는 것보다 자연을 접하는 것이 더 좋다고 하는 것이 대답하기 쉬울 것이다.